微阅读
在初中语文教学中的应用

高　峰／著

辽宁人民出版社

© 高峰　2024

图书在版编目（CIP）数据

微阅读在初中语文教学中的应用 / 高峰著 . -- 沈阳：
辽宁人民出版社，2024．12. -- ISBN 978-7-205-11269
-1

Ⅰ．G633.332

中国国家版本馆 CIP 数据核字第 20242G3C78 号

出版发行：辽宁人民出版社
　　　　　地址：沈阳市和平区十一纬路 25 号　邮编：110003
　　　　　电话：024-23284191（发行部）　024-23284304（办公室）
　　　　　http：//www.lnpph.com.cn
印　　　刷：天津光之彩印刷有限公司
幅面尺寸：170mm×240mm
印　　张：10
字　　数：100 千字
出版时间：2024 年 12 月第 1 版
印刷时间：2024 年 12 月第 1 次印刷
责任编辑：孙姤娇
装帧设计：一诺设计
责任校对：吴艳杰
书　　号：ISBN 978-7-205-11269-1
定　　价：56.00 元

前　言

　　随着信息技术的不断发展，教育领域也在不断地探索和尝试新的教学方式和方法。微阅读作为一种新兴的学习方式，逐渐被应用到初中语文教学中，它以短小精悍、内容丰富、形式多样等特点，受到了广大师生的欢迎。微阅读在初中语文教学中的应用具有重要意义，一方面，它可以激发学生的学习兴趣，通过多样化的阅读形式，提高学生的阅读兴趣和阅读能力；另一方面，它可以帮助学生更好地理解和掌握语文知识，通过微阅读，学生可以更加深入地了解课文背景、作者意图和思想内涵，从而更好地理解和掌握语文知识。本书将就微阅读在初中语文教学中的应用进行深入探讨。

目　录

第一章

微阅读概述

一、微阅读的定义及起源

（一）微阅读的定义及其深远影响

微阅读，这一新兴的阅读模式，以其快速、简洁、高效的特点，悄然渗透进现代人的日常生活中，成为不可或缺的一部分。在快节奏的都市生活中，微阅读以其独特的魅力，为人们提供了一个便捷的信息获取渠道。它不需要读者进行深入的思考和理解，而是追求一种"即看即懂"的快速信息消费模式。这种阅读方式方便快捷，信息量大，且使用设备易于携带，无论是智能手机、平板电脑还是电子书阅读器，都能轻松实现微阅读，充分利用了现代人生活中的碎片化时间。通过微阅读，人们可以在短时间内快速了解时事新闻、社交动态、行业动态等，从而获取大量的信息。这种阅读方式尤其适合在通勤路上、排队等候或休息间隙进行，使得信息的获取不再受时间和空间的限制。然而，微阅读通常以浅阅读为主，难以达到深入思考和理解的程度。在海量信息的冲击下，人们往往只能停留在表面信息的浏览上，难以进行深入的分析和反思。微阅读的传播途径多样，信息质量却难以保证。在追求速度和数量的同时，可能会出现虚假信息、不良信息等问题，对读者的判断力和价值观造成一定的冲击。此外，由于微阅读的浅阅读特点，长期依赖微阅读可能会影响人们的深度思考能力和专注力，导致注意力分散和思维浅薄。在信息过载的现代社会，如何在海量信息中筛选出有价值的信息，成为一个亟待解决的问题。尽管如此，微阅读仍然是一种重要的阅读方式。它以其快速获取信息的特点，帮助人们提高工作和生活的效率。在瞬息万变的现代社会，信息的时效性至关重要，微阅读为人们提供了一个快速了解世界变化的窗口。同时，微阅读也为我们提供了一个新的视角和思维方式。它打破了传统书本和纸质媒体的限制，使得知识和信息更加广泛地传播开来，促进了文化的交流和发展。

（二）微阅读的起源与发展

微阅读作为一种新型的阅读方式，其起源可以追溯到移动互联网的普及和发展。随着智能手机和各种移动设备的普及，人们获取信息的方式也在发生着深刻的变革。在这样的背景下，微阅读应运而生，以其便捷性、碎片化和快速消费的特点，迅速赢得了大众的喜爱和青睐。微阅读的发展可以追溯到社交媒体的兴起。微博、微信等平台的出现，使得信息的传播速度达到了前所未有的高度。这些平台以极快的速度分享大量的信息，满足了人们对于新鲜感和好奇心的需求。这种碎片化的阅读方式逐渐演变成了一种新的阅读习惯，人们开始习惯于在短时间内获取和消费信息，而微阅读恰好满足了这一需求。随着移动互联网技术的不断发展和进步，各种阅读应用和平台也相继涌现。今日头条、腾讯新闻等应用通过算法推荐的方式，为用户提供个性化的内容推荐，进一步满足了用户对微阅读的需求。这些应用不仅可以帮助用户在短时间内获取信息，还可以根据用户的兴趣和需求，提供个性化的内容，使得阅读更加具有针对性和价值性。微阅读的发展也受到了社会和文化的推动。在快节奏的现代生活中，人们的时间越来越宝贵，他们希望能够以更高效的方式获取信息和学习知识。微阅读以其快速、便捷的特点，满足了这一需求。同时，微阅读也符合现代人追求个性化、多样化的阅读方式的特点。人们可以通过微阅读获取各种类型的内容，无论是科技新闻、文学作品、历史传记还是时尚资讯，都能轻松找到适合自己的内容，从而丰富自己的知识和视野。微阅读不仅满足了人们阅读和获取信息的需求，也为人们提供了个性化的阅读体验。随着未来移动互联网技术的进一步发展，微阅读将继续发挥其独特的作用，为人们的阅读生活带来更多的便利和乐趣。它将成为连接人与人、人与世界的重要桥梁，推动文化的传播和发展，促进人类文明的进步。在这个过程中，我们也需要保持警惕，学会在海量信息中筛选出有价值的内容，培养深度思考和专注力，以应对信息过载带来的挑战。

二、微阅读对初中语文教学的意义

（一）提高学生的阅读兴趣

微阅读作为信息化时代的一种新兴阅读方式，对初中语文教学产生了深远的影响，其中最为显著的一点便是极大地提高了学生的阅读兴趣。在信息化、快节奏的时代背景下，微阅读迎合了初中生追求新鲜、快速获取信息的心理需求。微阅读内容往往紧贴时事热点，语言生动鲜活，形式灵活多样，无论是微信公众号上的短文、微博上的段子，还是网络上的短篇小说，都能迅速吸引学生的注意。

通过微阅读，学生可以轻松接触到丰富多彩的阅读材料，让他们在阅读中感受到乐趣。这种乐趣来源于微阅读内容的即时性和互动性。学生可以通过点赞、评论等方式参与到阅读过程中，与作者、其他读者进行实时交流。这种参与感和成就感是传统阅读难以比拟的。例如，一篇关于最新科技进展的微信公众号文章，不仅包含了最新的科技动态，还配有生动的图片和有趣的评论，学生不仅在阅读中获取了知识，还能在评论区与志同道合的同学讨论，从而增强了他们的阅读兴趣和积极性。

同时，微阅读也为学生提供了一个展示自我的平台。他们可以通过撰写微博、发布朋友圈等方式分享自己的阅读体验和感悟，进一步增强了他们的阅读兴趣和积极性。例如，当一个学生在微博上读到一篇关于青少年成长的文章，他可能会受到启发，写下自己的感受和经历，并通过分享获得同龄人的共鸣和反馈，这种互动和分享进一步激发了他们的阅读热情。

在初中语文教学中，教师可以充分利用微阅读的特点，引导学生从微阅读中汲取营养，提高他们的阅读素养。例如，教师可以结合教材内容，选择与之相关的微阅读材料进行拓展阅读。当讲到《红楼梦》时，教师可以推荐一些解读贾宝玉、林黛玉等人物性格的短文，让学生在轻松愉快的氛围中加深对课文的理解。教师还可以组织学生进行微阅读分享会，让学生互相推荐好的微阅读资源，交流阅读心得，从而培养他们的阅读兴趣和习惯。

在微阅读的过程中，学生需要辨别信息的真伪，筛选有价值的内容，这就要求他们具备独立思考和判断的能力。例如，一篇关于历史事件的微博，可能包含了一些不准确的信息，学生需要通过自己的判断，结合其他资料来验证其真实性。这种过程不仅锻炼了学生的批判性思维，还提升了他们的信息素养。

同时，微阅读鼓励学生发表自己的见解和看法，为他们提供了一个自由表达的空间，有助于培养他们的创新精神和个性发展。例如，一篇关于环境保护的微信文章，可能会引发学生对环境问题的思考，他们可以在评论区发表自己的观点，提出改进建议，这种自由表达的环境有助于培养学生的独立思考能力和创新精神。

在初中语文教学中，我们应该积极推广微阅读，引导学生正确利用微阅读资源，让他们在轻松愉快的阅读中不断成长和进步。同时，教师也应不断提升自身的微阅读教学能力，探索更加有效的微阅读教学方法和策略，以更好地满足学生的阅读需求和发展需求。例如，教师可以利用微信公众号或班级微信群，定期推送优秀的微阅读材料，引导学生进行阅读并分享心得，通过这种方式，教师不仅可以及时了解学生的阅读情况，还能根据学生的反馈调整教学策略。

（二）培养学生的阅读习惯

微阅读作为当代社会一种新兴的阅读方式，对初中语文教学具有深远的意义。在信息化、碎片化的时代背景下，微阅读以其方便快捷的特点，深受广大学生喜爱。通过微阅读，学生可以在休闲时间去拓宽知识，为他们的学习和生活带来更多的快乐。

在初中阶段，学生的阅读习惯尚未完全形成，而微阅读正好迎合了他们的阅读需求。传统的长篇阅读往往要求学生具备较高的耐心和专注力，这对于正处于身心发育关键期的初中生来说，无疑是一种挑战。而微阅读则以其短小的篇幅和轻松的阅读体验，让学生在忙碌的学习生活中能够轻松获取知识和乐趣。例如，一篇关于学习方法的短文，可能只需要几分钟就能读完，但其中的一些技巧和建议却能让学生受益匪浅，这种阅读方式不仅减轻了学生的阅读压力，还帮助他们更加热爱阅读，使他们在享受阅读的过程中逐渐养成良好的阅读习惯。

微阅读能够帮助学生建立规律的阅读习惯。由于微阅读的内容简短，学生可以在课间、午休等零碎时间进行阅读，从而逐渐形成定时、定量的阅读习惯。例如，一个学生可以在每天午休前花几分钟时间阅读一篇短文，这种习惯一旦养成，他将会更加自主地安排阅读时间，更加高效地获取知识，更加深入地思考问题。微阅读的内容虽然简短，但往往蕴含着丰富的信息和深刻的思考。通过微阅读，学生可以锻炼自己的快速阅读能力和信息筛选能力，学会在有限的时间内获取最有价值的信息。例如，一篇关于人工智能的微博，可能只有几百字，但其中却包含了人工智能的最新进展和未来发展趋势，学生通过阅读这篇微博，可以快速了解到这一领域的核心信息。同时，微阅读中的精彩片段和深刻见解也能够激发学生的思考欲望，促使他们进行深入思考和分析。例如，一篇关于社会现象的评论文章，可能会引发学生对社会问题的思考，他们可以通过自己的分析和判断，形成独立的见解。这种思考和分析的过程不仅有助于提升学生的思维能力，还能提高他们的明辨是非的能力。微阅读的内容涵盖了文学、历史、科学等多个领域，通过微阅读，学生可以接触到更多元的文化和思想，形成知识的多元发展。例如，一篇关于古代诗词的微信文章，不仅可以让学生了解到诗词的背景和意境，还能激发他们对传统文化的兴趣。同时，微阅读中的优秀作品还能够激发学生的情感共鸣和审美体验，提升他们的文化素养和人文精神。例如，一篇关于人性探索的短篇小说，可能会引发学生对人性的深刻思考，提升他们的情感认知和审美水平。这种文化素养和人文精神的培养对于学生的全面发展具有重要意义。通过微阅读，我们可以培养学生的阅读习惯，提升他们的阅读能力和思维品质，同时也能够培养他们的文化素养和人文精神。例如，教师可以组织学生进行微阅读主题周活动，每周选择一个主题，如"科技创新"、"历史文化"等，引导学生阅读相关主题的微阅读材料，并进行讨论和分享，通过这种方式，学生不仅能够拓宽知识面，还能培养批判性思维和创新能力。

（三）提升学生的阅读能力

对于初中语文教学而言，微阅读同样具有不可忽视的积极意义。在众多的教学环节中，提升学生的阅读能力无疑是至关重要的，而微阅读正是促进学生阅读能力提升的一股重要力量。微阅读为初中生提供了大量的阅读素材。传统的长篇阅读往往使学生感到枯燥乏味，难以坚持。而微阅读则不同，它利用碎片化的时间，让学生在短暂的间隙中也能获得阅读的乐趣。例如，在课间休息时，学生可以打开微博或微信公众号，快速阅读一篇关于时事新闻或科普知识的文章，这种阅读方式不仅让学生能够在短时间内获取大量信息，还能激发他们的阅读兴趣。这些简短的文章、段落或是微博、微信中的精彩片段，都为学生提供了一个个阅读的小目标，让他们在不知不觉中积累了大量的阅读经验。微阅读强调即时性，使学生在获取信息方面更具时效性。在信息爆炸的时代，信息的更新速度极快，微阅读以其快速传播的特点，使学生能够及时了解到时讯新闻、教育政策、国计民生。例如，一篇关于最新教育政策的微信公众号文章，可能刚刚发布不久，学生就能通过微阅读获取到相关信息，这不仅拓宽了学生的视野，也增强了他们对社会、对世界的认知。同时，通过微阅读，学生可以接触到不同类型的文章和观点，从而有效激发他们的阅读兴趣。例如，一个学生对科幻小说感兴趣，他可以通过微阅读接触到更多的科幻作品，从而进一步培养他的阅读兴趣。初中生正处于好奇心旺盛、求知欲强烈的阶段，微阅读以其灵活多样的形式和内容，很容易吸引学生的注意力。通过微阅读，学生可以接触到他们感兴趣的话题，从而激发起他们的阅读欲望。这种阅读兴趣的培养，将有助于学生养成良好的阅读习惯。微阅读能够提升学生的阅读速度和阅读理解能力。由于微阅读的内容通常较为简短，学生在阅读时需要快速抓住文章的主旨和要点，这无疑锻炼了他们的阅读速度。例如，一篇关于环保知识的微博，学生需要在几分钟内快速阅读并理解其核心内容，这种训练能够提升学生的快速阅读能力。同时，微阅读中的文章往往包含丰富的信息和深刻的思考，学生在阅读过程中需要不断思考、分析、推断，从而提高了他们的阅读理解能力。例如，一篇关于社会现象的评论文章，学生需要理解文章的观点和论据，并进行自己的分析和判断，这种阅读过程有助于提升学生的批判性思维和逻辑推理能力。微阅读在初中语文教学中对学生阅读能力的提升具有显著意义。它不仅能够为学生提供大量的阅读素材，还能培养他们的阅读习惯。例如，教师可以通过微阅读的方式，引导学生进行课外阅读，并鼓励他们进行阅读分享和讨论，通过这种方式，学生不仅能够积累阅读经验，还能锻炼自己的表达能力和沟通能力。同时，微阅读还能够提升学生的阅读速度和阅读理解能力，使他们在语文学习中取得更好的成绩。例如，在进行阅读理解训练时，教师可以选择一些微阅读材料，让学生在规定时间内完成阅读并回答问题，通过这种方式，教师可以及时了解学生的阅读情况，并进行有针对性的指导。因此，我们应该充分利用微阅读这一优势资源，将其融入初中语文教学中，为学生的全面发展提供有力支持。例如，学校可以建立微阅读资源库，收集优秀的微阅读材料，供学生进行选择和阅读。同时，教师也可以利用微阅读进行课前预习和课后复习，引导学生进行自主学习和探究学习。通过这种方式，我们不仅能够提升学生的阅读能力，还能培养他们的综合素质和创新能力。

三、微阅读与传统阅读教学的区别

（一）阅读材料的不同

传统阅读教学通常以纸质书籍、报纸、杂志等为阅读材料，而微阅读则更多地依赖于诸多电子设备，以电子阅读形式为主。这种阅读材料的不同，使得微阅读具有更强的便携性和灵活性。微阅读还可以通过互联网设备实现多种形式的阅读，如图片、音频、视频等，使阅读方式更加丰富和生动。与传统阅读教学相比，微阅读更注重快速获取信息的能力。由于时间碎片化的特点，微阅读往往需要更快的阅读速度和理解能力，以便在短时间内获取尽可能多的信息。此外，微阅读也更注重信息的多样性，读者可以根据自己的兴趣和需求选择不同的阅读内容。

然而，微阅读也存在一些局限性和挑战。首先，电子设备的辐射对人体可能产生一定的影响，尤其是长时间使用电子设备可能会对视力造成损害。其次，由于电子设备的信息传播速度快，信息的真实性和可靠性有时难以保证，读者需要具备一定的信息辨别能力。此外，微阅读的浅阅读方式也容易影响深度思考和批判性思维的培养。因此，如何在利用微阅读的优点的同时，避免其带来的负面影响，是微阅读模式需要解决的重点问题。

（二）阅读方式的区别

传统阅读教学强调深度阅读，即通过仔细阅读、理解和分析文本。传统阅读教学通常要求学生能够静心阅读一篇文章或一本书，并通过注释、摘抄等方式来加深对文本的理解和掌握。这种阅读方式更注重细节、逻辑和思维的训练，旨在培养学生对文本的深刻理解和分析能力。与传统阅读教学相比，微阅读更注重阅读速度和在碎片化时间快速提取信息的能力。在微阅读中，用户通常只需要花费几分钟或几十分钟的时间，即可获取和浏览大量的信息。微阅读通过快速浏览、扫视和筛选的方式来获取阅读信息，这种阅读方式可以适应现代人快节奏的生活需求。阅读速度快、内容碎片化是微阅读的特点之一，用户可以迅速获取各种信息，但可能忽略了对内容的深度理解和分析。此外，传统阅读教学强调阅读策略和技巧的培养，如预测、问题解答、概括等，以帮助学生更好地理解和消化文本内容。而微阅读更着重于信息的获取和传递，注重快速浏览和选择性阅读，使用户可以迅速了解和获取信息，但可能忽略了对文本的深度思考和分析。以上是传统阅读教学和微阅读在阅读方式上存在的明显区别。传统阅读和微阅读各有其优劣之处，在教学实践中可以结合两者的特点，为学生提供更丰富多样的阅读体验和方法。

（三）阅读效果的评估

　　微阅读与传统阅读在阅读效果的评估上存在着显著的区别。传统阅读教学往往依赖于定期的测试、作业以及期末考试等标准化评价方式，来衡量学生的阅读理解和应用能力。这种方式虽然在一定程度上能够反映学生的阅读水平，但往往忽视了阅读过程中的个体差异和动态变化，难以全面、准确地评估学生的阅读效果。相比之下，微阅读的阅读效果评估则更加灵活多样，更加注重过程性和个性化。首先，微阅读的效果评估可以通过阅读过程中的互动和反馈来实现。在进行微阅读时，学生可以随时发表自己的观点和感受，与其他读者或教师进行互动交流。这种互动不仅有助于激发学生的阅读兴趣，还能够让教师及时了解学生的阅读情况，从而有针对性地进行指导和帮助。

　　同时，微阅读平台还可以通过数据分析和挖掘，对学生的阅读行为、阅读习惯以及阅读偏好进行深入分析，为教师提供更加全面、客观的评估依据。微阅读的阅读效果评估还可以通过学生的创作和表达来体现。在微阅读过程中，学生不仅可以阅读他人的作品，还可以自己进行创作，来展示自己的阅读成果，如，撰写读后感、故事续写、人物分析等文章，通过这些创作来展示自己对阅读材料的理解和感悟。这种创新性的评估方式不仅能够检验学生的阅读效果，还能够培养学生的写作能力和表达能力。

微阅读的阅读效果评估具有及时性和动态性的特点。微阅读平台能够实时记录学生的阅读行为和阅读进度，为教师提供即时的反馈。教师可以通过这些数据来掌握学生的阅读情况，及时调整教学策略和方法，以更好地满足学生的阅读需求。

微阅读的效果评估还可以根据学生的阅读情况和反馈进行动态调整，确保评估结果更加准确、公正。微阅读与传统阅读教学在阅读效果的评估上存在着明显的区别。微阅读通过灵活多样的评估方式、注重过程性和个性化的特点以及及时性和动态性的评估机制，能够更加全面、准确地评估学生的阅读效果。因此，在推广和应用微阅读的过程中，我们应该充分利用其评估优势，建立科学的评估体系，以更好地促进学生的阅读发展和提升。同时，教师也应不断提升自己的评估能力，掌握微阅读评估的方法和技巧，以更好地指导学生的阅读学习和成长。

第二章

微阅读教学资源

一、微阅读教学资源的特点与优势

（一）增强学生阅读兴趣

当前的微阅读教学资源符合学生的阅读习惯和认知特点，能够吸引学生的注意力，激发学生的学习兴趣。而且，微阅读教学资源的题材广泛，包括寓言故事、成语故事、名人名言、名人逸事等，拓宽学生的知识面。另外，微阅读教学资源的呈现方式多样，可以通过音频、视频、图片等多种形式呈现，让学生在轻松愉悦的氛围中学习阅读，增强学生的阅读体验。

与传统阅读教学相比，微阅读教学资源具有以下优势：

第一，微阅读教学资源的针对性更强，能够对学生的薄弱环节进行有针对性的训练，提高学生的学习效果。

第二，微阅读教学资源可以满足不同学生的需求，激发学生的学习兴趣，提高学生的学习积极性。微阅读教学资源可以通过网络平台、手机 APP 等多种方式传播，方便学生随时随地学习阅读，提高学生的学习效率。

第三，微阅读教学资源篇幅较短，可以使学生方便快捷地进行阅读，能够提高学生的学习效果和积极性，为学生的阅读学习带来更多可能性。

在实际应用中，教师可以根据学生的实际情况和需求，合理选择和使用微阅读教学资源，将其融入课堂教学或课外辅导中，为学生的阅读学习提供更多的帮助和支持。同时，教师也可以不断探索和创新微阅读教学资源的形式和内容，以满足学生不断变化的需求和提高学生的学习效果。

（二）提升学生阅读能力

微阅读教学资源在提升学生阅读能力方面发挥着至关重要的作用。它通过帮助学生在有限的时间内获取更多的信息，培养他们的快速阅读和理解能力。微阅读教学资源通常包括各种类型的文本，如新闻文章、图表、广告、通知等，这些文本贴近学生的生活，容易引起他们的兴趣和共鸣。通过微阅读，学生可以接触到丰富的词汇和表达方式，从而扩展他们的词汇量并提高语言运用能力。微阅读材料通常涵盖不同的主题和体裁，这有助于学生接触多元的文化和知识领域，拓宽他们的视野。此外，微阅读还强调对信息的筛选和整合，这有助于学生提高批判性思维和信息处理能力。

在教学过程中，教师可以利用微阅读教学资源设计各种阅读活动，如快速阅读比赛、信息查找、讨论交流等，这些活动能够让学生更加热爱阅读，增强他们的阅读动力。同时，微阅读教学资源还便于教师及时给予学生反馈和指导，帮助他们纠正阅读中的错误，逐步形成正确的阅读习惯。微阅读教学资源的一个显著优势是它可以通过电子设备轻松获取，学生可以更好地进行阅读和学习。这种灵活性满足了现代学生多样化的学习需求，使他们能够更好地平衡学业与生活。

同时，微阅读教学资源的设计往往注重互动性和参与性，学生可以通过在线平台、社交媒体等形式与他人交流阅读心得，这不仅能够增强学生的表达能力，还有助于他们建立良好的学习社区，相互激励和促进。微阅读教学资源以其独特的特点和显著的优势，在提升学生阅读能力方面起到了积极的推动作用。它不仅帮助学生提高了阅读速度和理解力，还丰富了他们的词汇量和知识结构，更促进了他们的批判性思维和信息处理能力的提升。通过合理利用微阅读教学资源，我们可以有效提升学生的阅读能力，增强他们对阅读的喜爱。

（三）个性化学习体验

在微阅读的时代背景下，教学资源不再局限于传统的教科书和课堂教学，而是通过互联网和多媒体平台，实现了更为丰富和多样的学习体验方式。这种教学模式注重学生的个体差异和需求，使每个学习者都能在适合自己的节奏和方式下，进行深度的阅读和学习。

个性化学习体验的核心在于尊重学习者的独特性。微阅读教学资源通过精心设计的课程内容和学习路径，满足不同学习者的兴趣和需求。无论是对于文学爱好者，还是对于历史、科学等领域感兴趣的学生，微阅读教学资源都能提供相应的学习材料和相关资源，帮助他们在感兴趣的领域进行深入学习。这种以学习者为中心的教学方式，有助于激发学生的学习主动性和积极性，提高学习效果。

微阅读教学资源的个性化还体现在学习进度的灵活性上。传统的课堂教学往往按照固定的教学计划和进度进行，而微阅读教学资源则允许学生根据自己的实际情况调整学习进度。学习者可以根据自己的时间安排和学习速度，自由选择学习的内容和难度，实现个性化的学习规划。这种灵活的学习方式有助于减轻学生的学习压力，提高学习效率，使他们能够在轻松愉快的氛围中享受学习的乐趣。

微阅读教学资源的个性化学习体验还体现在互动性和反馈机制上。通过在线平台，学生可以与老师、同学进行实时的互动和交流，分享学习心得和疑惑。老师也能根据学生的学习情况及时给予反馈和指导，帮助他们解决学习中遇到的问题。这种互动和反馈机制有助于增强学生的学习动力，促进知识的内化和应用。

微阅读教学资源以其个性化的学习体验为学习者提供了更加多样化和灵活的学习方式。通过尊重学习者的独特性、提供灵活的学习进度以及建立互动和反馈机制，微阅读教学资源有助于激发学生的学习潜力，提升他们的阅读能力和综合素质。在未来的教育过程中，微阅读教学资源将继续发挥其独特优势，为培养具有创新精神和实践能力的人才贡献力量。因此，我们应该充分利用微阅读教学资源的优势，推动个性化学习体验的深入发展，为教育事业注入新的活力和动力。

二、微阅读教学资源的设计与开发

（一）教师教学资源设计原则

1.确定教学目标

在微阅读教学资源的设计与开发过程中，教师教学资源设计原则起着指导作用，确保资源的有效性和实用性。其中，确定教学目标是教师教学资源设计的首要步骤，也是整个设计过程的核心。

确定教学目标主要包括以下几个方面：第一，明确学生的学习需求。教师应深入了解学生的实际情况，包括学生的认知水平、阅读兴趣、学习习惯等，以便设计出符合学生需求的教学目标。第二，确定学生的预期学习成果。教师应明确学生在完成教学活动后应达到的知识、技能和情感目标，确保教学目标的明确性和可衡量性。第三，考虑学生的个体差异。教师在设计教学目标时，应充分考虑学生的个体差异，设置不同层次的教学目标，使所有学生都能在原有基础上得到提高。第四，注重教学目标的阶段性。教师应将教学目标划分为若干阶段，每个阶段都有明确的目标和任务，使教学过程更具条理性和系统性。第五，动态调整教学目标。应根据学生的实际学习情况，及时调整教学目标，使其始终保持与学生发展相适应的状态。

2.选择适当的内容

在微阅读教学资源的设计与开发过程中，选择适当的阅读内容是非常重要的。教师在进行教学资源设计时，应遵循以下原则：第一，内容应具有时效性和实用性。微阅读教学资源的内容应紧跟时代潮流，关注当前社会热点问题，以激发学生的学习兴趣。同时，内容应贴近学生的生活实际，使他们能够在阅读过程中产生共鸣，提高阅读动力。第二，内容应具有多样性和代表性。阅读资源应涵盖不同类型和风格的文本，如新闻报道科普文章、文学作品等，以满足学生多样化的阅读需求。所选内容应具有一定的代表性，能够体现不同领域的特点和规律，有助于学生广泛的知识体系。第三，内容应具有挑战性和适宜性。微阅读教学资源的内容应具有一定的难度，能够激发学生的思考和讨论。但同时，难度不宜过高，以免学生产生挫败感。教师在设计教学资源时，应充分考虑学生的认知水平和学习能力，确保内容既具有挑战性，又适宜学生阅读。第四，内容应具有引导性和拓展性。教学资源应包含对文本的深入解读和分析，引导学生掌握阅读技巧和方法。同时，教学资源应具有一定的拓展性，能够引导学生课外阅读，扩大知识面。第五，内容应具有互动性和参与性。微阅读教学资源的设计应注重学生的参与和互动，鼓励他们积极参与阅读活动，表达自己的观点和看法。通过互动和参与，学生可以提高合作能力，培养良好的学习习惯。

在遵循以上原则的基础上，教师应结合教学目标和学生的实际情况，精心选择和设计微阅读教学资源的内容。同时，教师还应关注学生的反馈，不断调整和优化教学资源，以提高教学效果。通过选择适当的内容，微阅读教学资源能够更好地发挥其在提升学生阅读能力方面的作用。这样，微阅读教学资源将更好地服务于学生的阅读学习，为他们的成长和发展奠定坚实基础。

（二）微阅读教学资源开发流程

1. 制订教学资源开发计划

微阅读教学资源的开发，是一项系统工程，它要求教育者以严谨的态度，科学的方法，全面地制订一套切实可行的开发计划。这一计划的制订，不仅关乎资源的质量、适用性和实用性，更是对微阅读教学资源进行有效整合与优化的关键环节，对于提升教学效果和学生的学习体验具有不可估量的价值。在制订教学资源开发计划之初，我们必须明确教学目标和资源需求。教学目标的设定应当具有前瞻性和可操作性，既要符合国家课程标准，又要结合学校实际和学生的具体需求。教学对象的分析至关重要，这包括对学生的学习特点、知识背景、兴趣点以及阅读习惯进行深入了解。只有深入了解学生，我们才能开发出符合他们需求的资源，提升教学的针对性和有效性。

对教学内容的研究同样不可或缺。我们需要明确教学重点、难点和关键点，梳理出需要学生掌握的核心知识和技能。这一过程要求我们深入研读教材，结合教学经验和最新研究成果，对教学内容进行精细化的拆解和重组。通过这样的分析，我们可以为资源开发提供明确的导向，确保资源能够全面覆盖教学内容，突出重点，突破难点。

在制订计划时，我们还要详细规划资源的类型、数量、内容和呈现方式。资源类型可以包括文字、图片、音频、视频等多种形式，以适应不同学生的学习偏好和阅读习惯。数量上，我们要确保资源的充足性，能够满足学生在不同学习阶段的需求。内容上，我们要注重知识的系统性和连贯性，同时兼顾趣味性和实用性。呈现方式上，我们要采用直观、生动、易于理解的方式，以提高学生的学习兴趣和效果。在计划制订过程中，我们还需充分考虑到资源的可用性和易用性。这包括资源的格式、大小、兼容性等方面的设计。我们要确保资源能够在不同的设备、平台上顺利使用，包括电脑、平板、手机等，以适应现代学生的学习方式。同时，我们也要注重资源的更新和维护，确保资源的时效性和准确性。通过定期更新内容，我们可以让学生接触到最新的信息和知识，保持资源的新鲜感和吸引力。创新是教学资源开发的核心动力。在内容和形式上，我们要勇于尝试新的方法和技术，结合现代科技手段，创造出具有吸引力的教学资源。例如，我们可以利用虚拟现实、增强现实等技术，为学生提供沉浸式的阅读体验；利用大数据分析，精准推送符合学生兴趣和学习需求的个性化资源。同时，我们也要注重资源的个性化和差异化，满足不同学生的学习需求和兴趣特点，提供更为个性化的学习体验。合作与共享是教学资源开发的重要原则。我们要积极寻求与各方合作伙伴的协同合作，共同开发高质量的教学资源。这包括与教材出版社、教育机构、科技公司等建立合作关系，共享资源和经验，提高资源开发的效率和质量。同时，我们也要注重资源的开放性和共享性，通过网络平台、社交媒体等渠道，将资源传播给更多的学生，扩大资源的影响力和应用范围。

制订教学资源开发计划还需注重评估和反馈机制的建设。我们要定期评估教学资源的使用效果，收集学生的反馈意见，了解资源使用的实际情况和效果。这些评估结果可以为我们提供宝贵的参考和依据，帮助我们及时调整和优化计划，确保教学资源开发的持续改进和优化。同时，我们也要建立激励机制，鼓励教师和学生积极参与资源的开发和使用，形成良好的教学氛围和学习文化。

2.设计教学资源的具体内容

在微阅读教学资源的开发过程中，设计教学资源的具体内容是一项核心任务。我们要根据教学目标和学生需求，构建一系列丰富多样、具有针对性的微阅读内容，以有效推动学生的阅读实践，提升他们的阅读能力和综合素质。

设计微阅读教学资源的具体内容，首先要明确教学目标。这些目标应当具有层次性和阶段性，既要有总体目标，也要有具体目标。总体目标可以包括培养学生的阅读兴趣、提高学生的阅读速度和理解能力、引导学生形成良好的阅读习惯等。具体目标则可以根据不同年级、不同学科以及不同学生的学习需求进行设定。例如，对于低年级学生，我们可以注重培养他们的阅读兴趣，提供趣味性强、易于理解的阅读材料；对于高年级学生，我们可以注重提升他们的阅读深度和理解能力，提供具有挑战性的阅读材料和问题。

　　基于这些目标，我们可以有针对性地选择阅读材料。这些材料应当符合学生的年龄特点、认知水平和兴趣点，同时也要具有教育性和思想性。我们可以从文学、历史、科学等多个领域选择阅读材料，涵盖散文、小说、诗歌、新闻报道等多种体裁。这样的设计有助于拓宽学生的知识视野，提升他们的综合素养。同时，我们也要注重材料的时效性和新颖性，及时更新内容，让学生接触到最新的信息和知识。

　　在内容设计上，我们还要注重微阅读资源的层次性和梯度性。针对不同层次的学生，我们应提供不同难度的阅读材料，以满足他们的个性化需求。例如，对于阅读能力较弱的学生，我们可以提供简单易懂的阅读材料，帮助他们建立阅读信心和兴趣；对于阅读能力较强的学生，我们可以提供更具挑战性和深度的阅读材料，激发他们的阅读潜能和创造力。同时，随着学生阅读能力的提升，我们可以逐步增加阅读材料的难度和深度，以引导他们不断挑战自我，实现阅读能力的进阶。

　　设计微阅读教学资源时，我们还要充分考虑其趣味性和互动性。趣味性是吸引学生积极参与阅读活动的关键。我们可以通过设计有趣的故事情节、生动的插图和引人入胜的问题来激发学生的阅读兴趣。例如，我们可以选择具有趣味性和故事情节的阅读材料，让学生在阅读中体验到快乐和成就感；同时，我们也可以利用插图、动画等多媒体元素来丰富阅读材料的呈现方式，提高阅读的趣味性和吸引力。互动性则是促进学生深度阅读和理解的重要手段。我们可以利用现代技术手段，如网络平台、移动应用等，为学生提供互动式的阅读体验。例如，我们可以设置在线讨论区、阅读打卡等互动环节，让学生在交流中深化对阅读材料的理解；同时，我们也可以利用数据分析技术来跟踪学生的阅读进度和阅读习惯，为他们提供个性化的阅读建议和指导。

我们还要注重微阅读教学资源的评价与反馈机制。评价是检验教学资源效果的重要手段。我们要通过对学生阅读情况的跟踪和记录，及时了解他们的阅读进展和存在的问题。这包括阅读速度、理解程度、阅读习惯等方面的评价。通过这些评价数据，我们可以调整教学策略，优化教学资源，以满足学生的学习需求。同时，我们也要鼓励学生进行自我评价和同伴评价。自我评价可以帮助学生反思自己的阅读过程和学习成果，提升自我认知能力和批判性思维；同伴评价则可以促进学生的相互学习和交流，形成积极向上的学习氛围。通过这些评价机制，我们可以激发学生的学习兴趣和动力，提高他们的阅读能力和综合素质。

在微阅读教学资源的开发过程中，我们还要注重资源的整合和优化。我们要将不同类型的资源进行有机结合，形成系统化的教学资源体系。例如，我们可以将文字材料与音频、视频材料相结合，为学生提供全方位的阅读体验；同时，我们也可以将阅读材料与练习题、实践活动相结合，促进学生的深度学习和应用能力的提升。通过这样的整合和优化，我们可以提高教学资源的利用率和效果，为学生的全面发展提供有力支持。

三、微阅读教学资源对学生语文素养的影响

（一）提升学生语文素养水平

1. 提高语文表达能力

微阅读教学资源的丰富多样，对学生语文表达能力的提升起到了积极的促进作用。在传统的教学模式下，学生的语文表达往往局限于课堂内的讨论和作业，缺乏真实场景和多元话题的锻炼。而微阅读教学资源的引入，使得学生的语文表达训练得以延伸到课外，深入生活的每一个角落。

微阅读教学资源为学生提高表达能力提供了大量的表达素材。无论是经典的诗词歌赋，还是现代的散文随笔，都能成为学生语文表达的灵感来源。学生在阅读这些微资源的过程中，不仅积累了丰富的词汇和句式，还学会了如何运用恰当的语言表达思想和情感。此外，微阅读教学资源还为学生提供了真实的表达场景。例如，通过阅读微信公众号上的文章，学生可以了解社会热点、民生百态，进而就这些话题发表自己的看法和观点。这种真实的表达场景，有助于学生将所学知识与实际生活相结合，提高他们的语言运用能力和问题解决能力。同时，微阅读教学资源还鼓励学生进行多元化的表达。学生可以通过写读后感、故事续写、情景对话等形式，将自己的阅读体验和思考转化为文字。这

种多元化的表达方式，有助于培养学生的创新思维和想象力，使他们的语义表达更加生动、有趣。在微阅读教学资源的支持下，学生的语文表达能力得到了显著提升。他们不仅能够流畅地表达自己的观点和想法，还能够运用丰富的词汇和句式，使语言更加准确、生动。这种提升不仅体现在课堂内的表现，更体现在日常生活中的沟通交流。学生在与人交往时，能够更加自信、自如地表达自己的意见和感受，展现出良好的语文素养。

微阅读教学资源对学生语文表达能力的提升具有显著影响。通过引入微阅读教学资源，我们可以为学生提供更多的表达素材、真实的表达场景以及多元化的表达方式，从而帮助他们提高语文表达能力，为他们的全面发展打好坚实的基础。因此，在未来的教学中，我们应充分利用微阅读教学资源的优势，为学生的语文素养提升创造更多有利条件。

2. 增强语文理解能力

在微阅读教学资源对学生语文素养的影响中，一个重要影响是它能够显著增强学生的语文理解能力。微阅读资源在提高学生的语文理解能力方面发挥着重要作用。第一，微阅读资源的篇幅短小，内容精练，学生能够在较短的时间内阅读并理解文本，从而提高阅读效率。第二，微阅读资源的多样化题材和文体，使学生在阅读过程中可以接触到不同类型的文字，培养了对不同文体信息的接收和理解能力。第三，阅读资源常常设计有思考题或讨论题，引导学生深入思考，从而加深对文本的理解和把握。学生在阅读微阅读资源时，需要快速捕捉信息，理解文字表达的含义，这有助于提高他们的快速理解能力。第四，微阅读资源涵盖了不同题材和文体，学生需要根据不同的阅读材料采用不同的阅读策略，从而提高跨文体的理解和分析能力。

微阅读教学资源不仅提供了丰富的阅读材料，还可以通过各种思考题和讨论题，引导学生积极参与，深入思考，从而提高学生的理解能力。学生在阅读微阅读资源的过程中，可以通过思考和讨论，挖掘文本背后的深层含义，提高对文字的鉴赏和分析能力。同时，微阅读资源还常常涉及一些实际问题，学生需要将所学知识运用到实际情境中，从而提高解决问题的能力。此外，在阅读微阅读资源的过程中，学生还需要对文本进行分析和评价，提出自己的观点和看法，从而培养批判性思维能力。这种能力在语文学习中至关重要，因为它可以帮助学生更好地理解文本，挖掘文本的深层含义，提高语文素养。

微阅读教学资源对学生语文素养的影响表现在增强学生的语文理解能力上。通过阅读微阅读资源，学生提高快速理解能力、跨文体理解和分析能力、深度理解和思考能力、批判性思维能力等。在实际教学中，教师可以充分利用微阅读教学资源引导学生积极参与阅读和思考，从而提高学生的语文理解能力，全面提升学生的语文素养。

（二）培养学生自主学习能力

微阅读教学资源对学生语文素养的影响之一是培养学生自主学习能力。通过微阅读，学生可以在教师的指导下独立进行阅读和学习，培养自主学习的意识和能力。学生在阅读微型文章的过程中，需要主动思考、理解和分析文本内容，从而培养了他们独立解决问题和获取知识的能力。

微阅读教学资源的设计通常注重学生的参与和互动，在阅读过程中鼓励学生展开思考和讨论。这种互动性的设计激发了学生的学习兴趣和自主学习欲望，促使他们积极主动地参与到阅读活动中。通过自主阅读和思考，学生逐渐培养了自主学习的习惯和能力，提高了解决问题的能力和自我管理的技能。

灵活性和便捷性也是微阅读教学资源的特点。学生可以通过电子设备进行阅读，有利于他们自主安排学习时间和节奏。学生在自主学习的过程中，可以按照自己的兴趣和需求选择阅读材料，自主探究和深入学习，激发学习的自发性和主动性。

第三章

微阅读教学设计

一、微阅读如何调动学生学习兴趣

（一）利用微阅读丰富教学内容

微阅读的内容应该与课堂主题相关，同时也要有趣味性。例如，如果今天的教学主题是"历史人物"，那么微阅读的内容可以选择一些有趣的传记或轶事，这样既可以引起学生的兴趣，又能帮助他们更好地理解主题。

微阅读的内容可以利用音频、视频、图片等方式，这样不但可以吸引学生的注意力，而且也能让他们更加投入到阅读中。同时，这种方式也能增强阅读内容的视觉效果，提高学生的学习兴趣。在微阅读结束后，教师可以提出一些问题来引导学生思考，帮助他们理解阅读内容。这些问题应该与教学内容相关，同时也要有趣味性。通过这种方式，学生可以更好地理解阅读内容，同时也能提高他们的思考能力。

在微阅读教学结束后，教师可以鼓励学生分享他们的阅读体验和感受，或者组织一个讨论会，让学生互相交流他们的想法和观点。这样的方式可以增强学生的参与感，提高他们的学习兴趣，同时也能帮助他们更好地理解阅读内容。

（二）通过互动和活动提高微阅读的兴趣

通过互动和活动可以使学生积极加入微阅读队伍中，激发学生的学习动力。互动和活动是微阅读教学设计中的一个重要元素，能够使学生更加积极地参与到阅读过程中。

互动和活动可以增加学生的参与感和投入度。在微阅读教学中，教师可以设计各种有趣的互动活动，如快速阅读比赛、角色扮演、小组讨论等，让学生在实践中体验阅读的乐趣。学生通过参与这些活动，不仅能够增加对文本的理解和记忆力，还能够培养解决问题的能力和合作精神。

互动和活动可以激发学生的好奇心和探究欲。在微阅读教学设计中，教师可以设置一系列引人入胜的问题和任务，让学生通过阅读文本来解答或完成，从而激发学生的求知欲和解决问题的兴趣。这种互动性的设计能够调动学生学习的积极性，让他们在探索中获得乐趣，提高学习的效果。

互动和活动还可以促进学生之间的交流和合作。通过小组合作、互动讨论等形式，学生可以分享自己的观点和想法，了解他人的看法，相互启发和学习。这种合作交流的过程不仅有助于学生深入理解文本内容，还能够培养他们的合作精神和团队意识。

互动和活动可以增强学生的情感投入和情感共鸣。在微阅读教学设计中，教师可以选择一些富有感染力和共鸣力的文本，引发学生的情感共鸣，让他们在阅读中感受到情感的冲击和震撼。通过情感共鸣，学生更容易产生情感连接和认同感，提高对文本的理解和记忆力。

互动和活动还可以促进学生之间的交流和合作。通过小组合作、互动讨论等形式，学生可以分享自己的观点和想法，了解他人的看法，相互启发和学习。这种合作交流不仅有助于学生深入理解文本内容，还能够培养他们的合作精神和团队意识。

互动和活动可以有效提高微阅读的兴趣，激发学生的学习动力。教师在微阅读教学设计中应充分利用互动和活动的方式，设计丰富多样的教学活动，让学生在互动和参与中体验阅读的乐趣，有效提高学生的学习兴趣和学习效果。

二、微阅读与课堂教学的结合方式

（一）课堂引入微阅读素材

在当今日新月异的教育领域中，微阅读教学正以其独特的魅力逐渐融入传统课堂教学之中。课堂引入微阅读素材，不仅为课堂教学注入了新的活力，更为学生提供了一个更为广阔的学习视野。课堂引入微阅读素材，意味着将内容丰富的阅读资源引入课堂，成为教学的重要辅助工具。这些微阅读素材可以是经典文章的片段、时事新闻的简短报道，或者是富有哲理的小故事。它们以简洁明快的语言，呈现出深刻的思想内涵，能够迅速吸引学生的注意力。

通过引入微阅读素材，教师可以有效地引导学生进入学习状态，为接下来的课堂教学做好铺垫。在课堂上，教师可以先让学生自主阅读这些素材，然后组织他们进行小组讨论或分享阅读感受。这样的教学方式不仅能够培养学生的自主学习能力，还能够提高他们的阅读理解和表达能力。同时，微阅读素材的引入也能够帮助学生更好地理解课堂教学内容。在讲述某一知识点时，教师可以适时地引入与之相关的微阅读素材，让学生在阅读中加深对知识点的理解和记忆。此外，微阅读素材还能够拓展学生的知识面，使他们在有限的课堂时间内接触到更多的信息和观点。

除此之外，课堂引入微阅读素材还可以使学生通过对微阅读素材的分析和讨论，学会从不同的角度看待问题，并提出自己的见解和观点。这种教学方式不仅能够培养学生的独立思考能力，还能够激发他们的创新思维和创造力。当然，课堂引入微阅读素材也需要注意一些问题。首先，教师要根据学生的实际情况和教学目标选择合适的微阅读素材，确保它们能够与教学内容紧密结合。其次，教师要注重引导学生进行深入阅读和思考，避免他们只是停留在表面的阅读上。最后，教师还要关注学生在阅读过程中的情感体验和价值观培养，确保微阅读素材的引入能够真正促进学生的全面发展。

（二）利用微阅读促进理解与记忆

利用微阅读促进理解与记忆，是微阅读与课堂教学结合的重要方式之一。在初中阶段，学生的知识体系正处于构建的关键期，对于知识的记忆显得尤为重要。而微阅读有很强的针对性，能够在短时间内帮助学生快速掌握核心知识点，加深对知识的理解和记忆。首先，微阅读能够帮助学生快速抓住知识的要点。在课堂教学中，教师往往会围绕某一主题或知识点进行深入讲解，但学生的注意力和理解能力有限，难以在短时间内全面把握。而微阅读材料往往聚焦于某一具体知识点或概念，通过简洁明了的文字和生动的插图，帮助学生快速了解知识的基本框架和核心内容。这种有针对性的阅读方式，能够让学生在短时间内建立起对知识的初步认知，为后续的学习打下基础。其次，微阅读能够促进学生对知识的深入理解。微阅读材料通常包含丰富的案例、实例或故事，这些素材能够帮助学生将抽象的知识具体化、形象化，从而更容易理解其内涵和本质。通过微阅读，学生可以接触到不同的观点和释义，拓展自己的思维视野，深化对知识的理解。再次，微阅读还能够激发学生的思考欲望，促使他们主动探索知识的内在逻辑和联系，形成自己的认知体系。最后，微阅读有助于巩固学生的记忆。记忆是学习的重要环节，而微阅读篇幅短小，能够让学生在短时间内多次反复阅读，从而加深对知识的记忆。此外，微阅读还可以作为课堂复习的辅助工具，帮助学生在课后巩固所学知识，提高记忆效果。

在利用微阅读促进理解与记忆的过程中，教师需要注意以下几点：一是要精选微阅读材料，确保其内容准确、生动、有趣，能够吸引学生的注意力；二是要合理安排微阅读时间，避免影响正常的课堂教学进度；三是要引导学生积极参与微阅读活动，鼓励他们提出问题和思考，促进知识的内化和吸收。

（三）课堂教学中的互动与讨论

微阅读往往涉及社会热点、人生哲理等多个方面的话题，这些话题都是值得深入探讨的。在课堂教学中，教师可以组织学生进行小组讨论或全班讨论，让他们围绕微阅读内容发表自己的看法和观点。通过讨论，学生可以相互启发、相互补充，从而形成更加全面、深入的理解。同时，讨论还能锻炼学生的表达能力和逻辑思维能力，让他们在交流中不断提升自己的语文知识素养。

在微阅读与课堂教学的结合中，教师可以通过分组合作的方式，让学生共同完成微阅读任务并进行讨论。这种方式能够让学生在合作中学会倾听、尊重和理解他人的观点，同时也能让他们学会如何在团队中发挥自己的作用。通过团队协作，学生能够更好地理解和应用微阅读内容，同时也能提升团队的协作能力和人际交往能力。需要注意的是，在互动与讨论的过程中，教师应始终扮演引导者和促进者的角色。教师可以适时地提出问题、引导方向，同时也要给予学生充分的自由发挥空间，让他们能够充分展示自己的观点和才华。此外，教师还应关注讨论的氛围和秩序，确保讨论能够有序、高效地进行。

三、微阅读教学设计的具体步骤

（一）确定教学目标和内容

在进行微阅读教学设计之前，首先要明确教学目标和内容。教学目标应该明确、具体，能够指导学生在微阅读过程中达到规划中的学习成果。同时，也需要确定微阅读的内容，包括选择哪些文字、图片或视频作为阅读材料，确保内容能够吸引学生的兴趣，与教学主题相关。为了确定教学目标和内容，教师可以考虑以下几个方面：了解学生的学习需求和水平，确定适合他们的微阅读内容和目标；根据教学主题和课程要求确定微阅读的内容，确保与教学目标和内容相一致；考虑学生的兴趣和喜好，选择能够吸引他们注意力的内容，激发他们的学习兴趣。确定了教学目标和内容之后，就可以进入微阅读教学设计的下一步，进行具体的教学活动安排和实施。通过精心设计、策划教学目标和内容，可以让微阅读教学更加有效地帮助学生提高阅读能力，激发学习兴趣，达到教学效果。

（二）选择适合的微阅读材料

选择适合的微阅读材料是微阅读教学设计中的重要一步。教师需要根据教学目标、学生的认知水平和兴趣，精心挑选和组织适合的微阅读材料。以下是选择适合微阅读材料的具体步骤：教师明确微阅读的教学目标后，根据教学目标，教师可以确定教学内容的重点和难点，从而选择与之相关的微阅读材料。微阅读材料应适应学生的认知水平，既不应过于简单，也不应过于困难。教师需要了解学生的兴趣和阅读偏好，选择能够符合学生阅读能力的材料。同时，教师也可以根据学生的个性特点和学习风格，选择不同类型的微阅读材料，以满足不同学生的需求。微阅读材料应涵盖不同类型、风格和体裁的文本，以提供丰富多样的阅读体验。教师可以选择新闻文章、故事、诗歌、图表、广告等多种类型的材料，以培养学生阅读不同类型文章的能力。同时，所选材料应具有一定的代表性，能够反映不同领域的特点和规律，有助于学生建立广泛的知识体系。

微阅读材料应具有一定的文化背景和价值观，有助于学生了解和理解不同文化和社会现象。教师可以选择一些与学生生活经验相关的材料，或者一些有关社会问题的文章，引导学生进行思考和讨论。微阅读材料应具有一定的互动性和参与性，能够激发学生的参与和讨论。教师可以选择一些具有争议性的材料，或者设计一些问题和解题任务，引导学生主动参与阅读和思考，提高他们的自主学习能力。教师可以对材料的内容、难度、语言特点等进行综合评估和审核，确保材料能够有效地支持学生的阅读学习，并符合教学目标和要求。

（三）设计互动环节和活动

在微阅读教学设计中，设计互动环节和活动是至关重要的步骤，它不仅能够激发学生的学习兴趣，提升课堂参与度，还能有效地促进知识的内化与迁移。

因此，我们在进行微阅读教学设计时，应充分考虑互动环节和活动的设计，以构建一个富有活力和创造力的学习环境。我们可以采用小组讨论、角色扮演、辩论等形式，让学生在互动中交流思想、分享见解。例如，在阅读一篇关于环境保护的微阅读素材后，可以组织学生进行小组讨论，探讨如何在日常生活中实践环保理念。这样的互动环节不仅能让学生深入理解文本内容，还能培养他们的合作精神和沟通能力。

根据文本的主题和风格，我们可以设计相应的阅读活动，如读后感写作、情景剧表演、知识竞赛等。这些活动不仅能检验学生对文本的理解程度，还能锻炼他们的写作、表达和思考能力。同时，通过活动的设计，我们还可以引导学生将所学知识与现实生活相联系，培养他们的实践能力和创新意识。此外，互动环节和活动的设计还需注重多样性和趣味性。我们可以利用现代科技手段，为学生提供丰富多样的学习资源和学习方式。例如，可以利用网络平台进行线上讨论、投票评选等活动，让学生在轻松愉快的氛围中学习交流。同时，我们还可以结合学生的兴趣爱好和年龄特点，设计一些富有趣味性的活动，如阅读游戏、故事接龙等，提高学生对微阅读的接受程度。

（四）实施教学并评估效果

实施微阅读教学并评估其效果不仅能够检验教学设计的合理性和有效性，还能为进一步优化教学策略提供有力依据。在实施微阅读教学的过程中，教师需要按照预先设计的教学方案，引导学生积极参与微阅读活动。教师可以通过课堂讲解、小组讨论、在线互动等多种形式，激发学生的阅读兴趣，引导他们深入理解阅读材料。同时，教师还要密切关注学生的阅读进度和反馈情况，及时调整教学策略，确保教学的顺利进行。

在评估微阅读教学效果时，教师可以采用多种方法，以全面、客观地了解学生的学习情况。首先，教师可以通过课堂测试、作业检查等方式，检验学生对阅读材料的理解程度和掌握情况，旨在考查学生的知识记忆和理解能力。其次，教师可以通过观察学生的课堂表现，了解他们的阅读速度、阅读习惯和阅读策略等方面的变化。这些观察可以帮助教师判断学生的阅读能力和思维品质是否有所提升。最后，教师还可以通过与学生进行面对面的交流，了解他们对微阅读教学的看法和建议，以便进一步完善教学设计和提升教学质量。

评估微阅读教学效果时，教师还需要注意以下几点。一是要确保评估标准的科学性和合理性，避免主观臆断和偏见的影响。二是要注重评估的多样性和全面性，综合考虑学生的知识、能力、态度等多个方面。三是要及时反馈评估结果，让学生了解自己的学习情况和不足之处，以便及时调整学习策略，提升学习效果。

通过实施微阅读教学并评估其效果，教师可以深入了解学生的学习需求和学习特点，进一步优化教学设计和教学策略。因此，在微阅读教学设计中，实施教学并评估效果是一个不可或缺的环节，它对于提升教学质量和促进学生全面发展具有重要意义。通过精心组织教学活动和采用科学的评估方法，教师可以有效地检验教学设计的合理性和有效性，并为学生提供一个优质、高效的阅读学习环境。同时，这种评估方式也有助于教师不断反思和改进自己的教学方法和策略，推动微阅读教学的持续优化和发展。

（五）总结和反思教学过程

在微阅读教学设计的整个过程中，总结和反思在微阅读教学中具有重要意义。它不仅是对前期工作的回顾，更是对未来教学的启示和改进的基础。通过深入总结教学过程，我们可以清晰地看到哪些环节做得成功，哪些环节存在不足，从而为后续的教学提供有力的支撑。

在微阅读教学设计之初，我们设定了明确的教学目标，通过选取适当的微阅读材料和设计多样化的教学活动，力求达到提高学生的阅读兴趣、提升阅读能力和语文学科素养的目标。在教学过程中，我们是否有效地贯彻了这些设计理念？是否达到了预期的教学目标？这些都是我们需要认真总结的问题。我们要对教学过程中各个环节的具体实施情况进行反思。学生的反应和表现是检验教学效果的重要指标。通过观察和记录学生在课堂上的表现，我们可以了解他们对微阅读材料的理解程度、对教学活动的参与程度以及对教学目标的达成情况。同时，我们还要积极收集学生的反馈意见，了解他们对微阅读教学设计的看法和建议，以便在未来的教学中进行改进和优化。

在总结和反思的过程中，我们要保持客观和理性的态度。既要看到教学中的亮点和成功之处，也要正视存在的问题和不足。对于成功的经验，我们要进行总结和提炼，形成可复制的教学模式；对于存在的问题和不足，我们要进行深入的分析和思考，找出原因并提出改进措施。我们要将总结和反思的结果应用到未来的微阅读教学设计中。通过不断总结经验、改进不足，我们可以不断完善微阅读教学设计，提高教学效果，为学生的语文素养提升提供更有力的支持。通过深入总结和反思教学过程，我们可以不断优化微阅读教学设计，提升教学质量，为学生的全面发展贡献力量。

第四章

微阅读在语文听说读写中的应用

一、微阅读如何提升学生的听力水平

（一）提供多样听力训练机会

在传统的听力教学中，学生往往只能通过听力材料来进行训练，而这些材料往往较为单一，无法满足不同学生的需求。而微阅读的多样性则可以弥补这一缺陷。第一，微阅读的内容涵盖了各种类型，如新闻、故事、笑话、科普文章等，形式也各异，如音频、视频、图文等，这为学生提供了丰富多样的听力训练资源。第二，微阅读能够帮助学生提高听力理解能力。微阅读的特点是信息量大、篇幅短小，这使得学生在阅读过程中需要高效获取信息，理解文章的主旨。这种快速理解和把握信息的能力正是听力理解所需要的能力。通过大量的微阅读训练，学生可以逐渐提高自己对语音、词汇、句子结构的理解能力，从而提高听力水平。第三，微阅读有助于学生拓展听力词汇。微阅读的内容丰富多样，会涉及许多不同的词汇。学生在阅读过程中可以接触到生词和新词，这有助于学生扩大自己的词汇量。而词汇量的增加又是提高听力理解能力的重要条件之一。第四，微阅读能够提升学生的兴趣。微阅读的内容有趣，易于理解，使得学生在阅读过程中不会感到枯燥乏味。学生可以通过阅读自己感兴趣的内容，提高对听力的兴趣，从而更加积极主动地参与听力训练。第五，微阅读有助于学生培养良好的听力习惯。微阅读要求学生在短时间内集中注意力，把握文章的主旨。这种要求使学生在阅读过程中必须保持专注，这可以逐渐培养学生良好的听力习惯。这种良好的听力习惯也是提高听力水平的关键。

（二）增强听力理解能力

通过微阅读，学生能够接触到丰富多样的语言材料和丰富的词汇，从而加深对语言文化的理解。在阅读过程中，学生可以通过听文字朗读、听故事解说等方式来增强对语言的听力理解能力。通过反复听同一段文字，学生可以更好地理解文字的含义，掌握语音语调，提高对语言的敏感度和理解能力。此外，微阅读还可以帮助学生扩大语言输入量，提高语言处理能力，从而进一步提升听力水平，更好地理解和表达所学的知识。通过不断地实践和训练，学生的听力水平将得到有效提升，从而在语文学习中取得更好的成绩。

（三）提升听力反应速度

微阅读在提升学生的听力水平方面扮演着举足轻重的角色，尤其是在提高听力反应速度方面，其效果尤为显著。在快节奏、高信息量的现代社会中，听力反应速度的快慢往往决定着个体在信息交流中的效率与准确性。微阅读以其独特的方式，为学生提供了一个锻炼和提升听力反应速度的优质平台。学生在进行微阅读时，需要迅速提取并理解文本中的关键信息，这无形中锻炼了他们的听力反应速度。因为在实际的听力过程中，人们往往需要在短时间内迅速理解并作出反应，这与微阅读中的信息捕捉过程极为相似。不同领域、不同风格的微阅读文本，可以帮助学生适应各种听力场景和语速变化。

通过长期的微阅读训练，学生可以逐渐熟悉并掌握各种听力技巧，从而在面对不同的听力材料时能够迅速作出反应。微阅读还可以结合多媒体资源，进行综合性的听力训练。这种多模式的学习方式能够更加全面地刺激学生的听觉神经，提高他们的听力反应速度。比如，在微阅读中加入与文本内容相关的音频素材，让学生在阅读的同时听取相关信息，这样既可以加深学生对文本的理解，又可以锻炼他们的听力反应能力。值得注意的是，提高听力反应速度并非一蹴而就的过程，它需要长期的积累和训练。因此，在进行微阅读训练时，教师应注重引导学生养成良好的阅读习惯和听力习惯。教师可以鼓励学生定期进行微阅读训练，设定明确的目标和计划；同时，教师还可以结合学生的实际情况，为他们提供个性化的听力训练建议和指导。

通过微阅读训练，学生可以锻炼自己的听力技巧、提高听力效率。我们应充分重视微阅读在听力教学中的作用，积极探索和实践微阅读在听力训练中的有效应用方式，以帮助学生更好地提升听力水平。

二、微阅读对口语表达能力的促进作用

（一）丰富口语表达词汇量

微阅读对口语表达能力的促进作用首先体现在丰富口语表达词汇量上。在微阅读的过程中，学生能够通过阅读各类短篇文章，接触到丰富多样的词汇和表达方式。这些词汇不仅包括常见的日常用语，还涵盖了许多专业术语、成语典故以及地域文化特色的词汇，从而极大地增加了学生的词汇积累。通过微阅读，学生可以在日常生活中轻松地运用这些新学到的词汇，使口语表达更加准确、生动。例如，在阅读一篇关于环保的微文章时，学生可能会学习到"可持续发展""绿色出行"等词汇，这些词汇不仅有助于他们理解环保的重要性，还能在谈论相关话题时，使他们的表达更加专业、有深度。

此外，微阅读中的文章往往具有鲜明的主题和观点，这有助于学生在口语表达中更好地组织语言和思路。通过阅读这些文章，学生可以学习到如何围绕一个中心思想展开论述，如何运用恰当的词汇和句式来表达自己的观点和态度。这种学习过程不仅提高了学生的表达能力，还培养了他们的逻辑思维能力，能让他们从多个方面去思考和解决问题。同时，微阅读的便捷性和灵活性使学生可以不受时间、地点的限制进行阅读，从而可以让学生随时积累词汇、提升口语表达能力。无论是在课间休息、排队等候还是睡前放松，学生都可以利用碎片化的时间进行微阅读，让学习变得更加高效和有趣。微阅读中的文章往往具有故事性和趣味性，这能够激发学生的学习兴趣和阅读动力。通过阅读这些文章，学生可以感受到语言的魅力和表达的乐趣，可以接触到丰富多样的词汇和表达方式，提高口语表达的准确性和生动性，从而更加愿意在口语表达中运用所学到的词汇和表达方式。因此，我们应该鼓励学生积极参与微阅读活动，让他们在享受阅读乐趣的同时，不断提升自己的口语表达能力。

（二）提高口语表达流利度

微阅读材料可以使读者能够在短时间内快速浏览并理解其核心信息。这种高效的阅读方式有助于培养读者的快速思维能力和信息处理能力，让他们在口语表达时能够迅速组织语言，流畅地表达自己的想法。微阅读内容多样，涵盖各个领域的知识和信息。通过阅读不同类型的微阅读材料，读者能够积累丰富的词汇和句式，丰富自己的语言表达。同时，微阅读中的经典语句和优秀表达方式也可以为读者提供借鉴和学习的范例，使他们在口语表达时能够运用更加精准、生动的语言。无论是在公交车上、排队等候还是休息间隙，读者都可以进行微阅读。这种阅读方式能够帮助读者充分利用碎片时间，使他们在不断积累中提升口语表达流利度。

提高口语表达流利度并非一蹴而就的过程，而是需要长期的积累和练习。微阅读虽然为口语表达提供了许多表达素材和语言思路，但读者仍需通过大量的口语练习来巩固和提升自己的表达能力。因此，在利用微阅读提高口语表达流利度的过程中，读者应注重将所学知识与实际口语表达相结合，通过不断的练习和反思来提升自己的口语水平。通过微阅读，读者可以积累丰富的词汇和句式，培养快速思维能力和信息处理能力，从而在口语表达时能够更加流畅、自信地表达自己的观点。因此，我们应该充分利用微阅读这一有效工具，不断提升自己的口语表达能力，以适应现代社会对口语交际能力的需求。

（三）提升口语表达准确性

在语文教学中，口语表达是学生的重要能力之一。微阅读在初中语文教学中对提升学生的口语表达能力具有重要的作用。微阅读的内容涵盖了各种类型的文章，通过微阅读，学生可以积累大量的口语表达素材，为口语表达提供丰富的语言支持。通过大量的阅读微阅读中的文章，学生可以逐渐培养出语感，能够更准确地理解和表达语言。这种语感是提高口语表达能力的重要基础。

微阅读能够为口语表达提供机会和场景。微阅读中的文章通常具有一定的情境性和实用性，学生可以通过阅读这些文章来了解不同的口语表达场景和情境，从而在实际的口语表达中更加得心应手。微阅读在初中语文教学中对提升学生的口语表达能力具有重要的作用。通过培养口语表达的准确性、提供丰富的口语表达素材、培养语感以及提供口语表达的机会和场景，微阅读为学生的口语表达能力提升提供了全方位的支持。

三、微阅读对写作素材的提供

（一）拓展写作思路

微阅读作为一种轻量级的阅读方式，为初中生写作提供了丰富的素材和灵感。从微观的视角观察事物，可以帮助学生从不同角度思考问题，拓展写作思路。比如，当学生阅读了一篇关于大自然的小故事后，可以从中感受到大自然的美好和奇妙，进而产生对大自然的敬畏之情。这样的感受和情感可以成为写作的灵感，让学生写出更加生动、真实和感人的文字。从微观的视角观察事物，学生可以不断发现生活中的细节和美好，从而在写作中展现出更加细腻和丰富的情感和想象力。从微观的角度进行阅读和思考，学生可以更好地发现生活中的点滴之美，从而在写作中刻画出更加饱满生动的人物形象和场景描写。身临其境的体验和感受可以让作品更加引起读者的共鸣和感动。从微观的角度进行阅读和思考，学生可以更加深入地了解和体验生活，从而写出更加丰富真实的作品。

（二）丰富写作素材来源

在当前信息爆炸的时代，微阅读以其便捷性、即时性和碎片化的特点，深受学生的喜爱。微阅读可以使学生接触到各种形式的文本资源，包括微博、文章、微信文章、新闻简报、短篇故事等，这些文本不仅内容广泛，而且更新迅速，方便学生阅读。生活中的每一个细微之处都蕴藏着深刻的哲理和感悟，而微阅读正是捕捉这些细节的绝佳途径。生活中的点滴细节，通过微阅读的方式呈现在学生面前，使得他们在写作时能够更加细腻地描绘生活，增强文章的真实感和感染力。

传统的写作教学中，学生往往局限于课本中有限的阅读材料，导致他们的知识视野相对狭窄。而微阅读则打破了这一局限，它可以让学生接触到更广泛的知识领域。无论是科技前沿的最新动态、历史文化的深厚底蕴，还是社会热点的深入剖析，微阅读都能够让学生在短时间内获取到大量的信息。这些信息不仅能够丰富学生的知识储备，还能够激发他们的阅读兴趣，使他们在写作时能够更加自如地运用其中的各种知识和观点。微阅读中的文本往往言简意赅，用词精准，这对于提升学生的语言表达能力具有很大的帮助。通过学习和模仿微阅读中的优秀文本，学生可以逐渐掌握如何运用准确的语言来表达自己的思想和情感。

微阅读中的不同文体和风格也能够让学生感受到语言的多样性和魅力，使他们在写作时能够更加灵活地运用各种语言技巧和手法。在微阅读的过程中，学生不仅要理解文本的表面意义，还要深入挖掘文本背后的深层含义和作者的意图。这种对文本的深入分析和解读过程，有助于培养学生的批判性思维能力和独立思考能力。他们能够学会如何从不同角度看待问题，如何对信息进行筛选和判断，这对于他们在写作中提出独特见解和深化主题具有重要意义。微阅读能够帮助学生积累生活中的点滴细节、拓宽知识视野、提升语言表达能力。因此，在初中语文写作教学中，我们应该充分利用微阅读这一资源，引导学生通过微阅读来丰富自己的写作素材库，提升他们的写作水平。同时，我们也要教育学生正确看待微阅读，避免过度依赖和沉迷其中，要让他们在享受微阅读带来的便捷和乐趣的同时，也能够保持对深度阅读和传统写作的热爱和追求。

（三）提升写作表达能力

微阅读作为当下流行的阅读方式，一方面是由于微阅读中的文章语言精练、表达生动，学生在阅读的过程中会不自觉地受到熏陶，逐渐提高自己的语言表达能力。另一方面是由于微阅读的内容具有深刻的内涵和独到的见解，学生在阅读的过程中能够受到启发，进而在自己的写作中表达出自己更为深刻的思想和见解。此外，微阅读还能够帮助学生增强对社会的认知。通过阅读各类微阅读资源，学生可以了解不同领域的知识，了解社会的多样性和复杂性。这种认知的拓宽，不仅能够丰富学生的写作内容，还能够使他们的写作更具深度和广度。

微阅读在初中语文写作教学中的应用，不仅为学生提供了丰富的素材，更在潜移默化中提升了他们的写作表达能力。因此，在初中语文教学中，我们应该充分重视微阅读的作用，积极引导学生进行微阅读，让他们在享受阅读乐趣的同时，也能够提升自己的写作能力。同时，教师也应该注重对学生微阅读方法的指导，帮助他们更好地从微阅读中汲取营养，提高自己的写作水平。例如，教师可以定期推荐优秀的微阅读文章，引导学生进行深入的阅读和讨论；还可以组织学生进行微写作练习，让他们将微阅读中的所学所感转化为用自己的文字表达出来。通过这样的引导和练习，学生不仅能够逐渐掌握微阅读的技巧和方法，更能够在阅读和写作的过程中不断提高自己的思维能力和表达能力。他们的作文将不再空洞无物，而是能够言之有物、言之有理、言之有情。这样的变化，不仅体现在学生的作文成绩上，更体现在他们的日常交流和表达中。此外，微阅读还能够帮助学生建立起良好的阅读习惯和阅读品位。在微阅读的过程中，学生会逐渐学会如何筛选信息、如何理解文章、如何评价作品。这些能力的培养，对于他们未来的学习和生活都具有重要的意义。因此，我们应该充分利用微阅读这一有效工具，将其融入初中语文教学的各个环节中，让学生在享受阅读乐趣的同时，也能够不断提高自己的写作能力和综合素质。

四、微阅读对阅读理解能力的促进作用

（一）提高快速阅读能力

在快节奏的现代生活中，快速阅读能力已经成为一项至关重要的技能。微阅读为初中生提供了一个锻炼和提高快速阅读能力的有效平台。通过微阅读，学生能够在短时间内阅读信息，进而提升对文章的整体把握和细节理解。微阅读材料的篇幅通常较短，但内容丰富多样，涉及各个领域的知识。这种阅读材料的特点使得学生在阅读过程中必须保持注意力高度集中，快速捕捉文章的核心信息，从而提高快速阅读的能力。

在长期的微阅读训练中，学生的阅读速度逐渐加快，同时能够保持对文章内容的准确理解。快速阅读能力的提升不仅意味着阅读速度的加快，更重要的是在阅读过程中能够迅速找出文章的主旨和要点。通过微阅读训练，学生可以学会如何快速浏览文章、筛选关键信息、忽略次要细节。这种能力在应对考试中的阅读理解题目时尤为重要，能够帮助学生在有限的时间内准确找到答案。此外，微阅读还有助于培养学生的跳跃式思维。由于微阅读材料的篇幅有限，学生需要在短时间内快速切换思维，理解不同段落之间的逻辑关系。这种训练使得学生在面对长篇大论时，能够迅速抓住文章的脉络，理解作者的写作意图。

除了提高阅读速度和理解能力外，微阅读还能够拓宽学生的阅读视野。通过阅读不同类型的微阅读材料，学生能够接触到更多的知识和信息，增加对世界的认知和理解。这种多元化的阅读体验有助于培养学生的阅读兴趣，激发他们主动探索知识的欲望。然而，值得注意的是，快速阅读能力并非一蹴而就的。在微阅读训练中，教师需要引导学生掌握正确的阅读方法和技巧，如略读、扫读等。同时，教师还需要根据学生的实际情况，为他们提供合适难度的微阅读材料，确保他们在训练过程中能够不断挑战自己，取得进步。此外，家长的支持和配合也是提高学生快速阅读能力的重要因素。家长可以鼓励孩子们利用课余时间进行微阅读，为他们提供丰富的阅读材料，并关注他们在阅读过程中的进步和遇到的困难。通过家校合作，共同推动学生快速阅读能力的提升。

微阅读对初中生快速阅读能力的提升具有显著的促进作用。因此，我们应该充分利用微阅读这一有效资源，加强对学生快速阅读能力的培养和训练，为他们未来语文学科素养的发展奠定坚实的基础。

（二）增强文本分析能力

通过微阅读，学生不仅可以阅读大量的优质文本，还可以通过课堂讨论、作业任务等方式进行深入的文本分析，从而提高自己的文本分析能力。在微阅读过程中，学生不仅仅是简单地阅读或者背诵，更要求他们能够从文本中读懂作者的用意、把握文章的主题、理解文章的结构等。通过微阅读，学生可以跳出传统的机械阅读方式，采用更加深入、全面的方式来分析文本。他们可以从字里行间、章回结构、人物关系等方面进行分析，使自己对文本的理解更加透彻。通过微阅读，学生可以提高自己的文本分析能力，使得他们在阅读各种文本时能够更加独立、准确地理解文本内容，从而提高自己的阅读能力和写作水平。同时，文本分析能力的提升也有助于学生在解答阅读理解题时更加得心应手，帮助他们更好地应对语文考试中的阅读理解题目。微阅读对于提高学生的阅读理解能力有着明显的促进作用，尤其是在增强学生的文本分析能力方面。通过微阅读，学生可以从中受益良多，提高自己的文本分析能力，从而更好地理解各种文章，提高自己的语文素养。

（三）提升阅读理解深度

微阅读要求读者在短时间内捕捉信息、理解内容、提炼要点，从而提高阅读效率。在初中语文听说读写过程中，微阅读可以帮助学生更好地理解文本。通过微阅读，学生可以接触到大量丰富的词汇，加强对词汇内涵和外延的理解，从而提高阅读理解能力。在微阅读过程中，学生需要快速把握词汇的含义，这有助于他们在阅读长篇文章时，能够更加准确地理解作者的观点和态度。

微阅读中的短文通常包含各种复杂的句子结构，学生在阅读过程中需要抓住句子的主干，理解句子之间的关系。这有助于他们在阅读长篇文章时，能够更好地分析句子的成分，理解句子的含义，从而提高阅读理解深度。学生需要从整体上把握文章的结构和内容，理解各个段落之间的逻辑关系。这有助于他们在阅读长篇文章时，能够更加清晰地把握文章的思路，理解文章的主旨，从而提高阅读理解深度。在阅读时，学生需要根据文章中的信息进行推理和判断，从而得出结论。这有助于他们在阅读长篇文章时，能够更加准确地分析作者的观点和态度，理解文章的深层含义。

此外，微阅读有助于提高学生的审美鉴赏能力。微阅读中的短文往往具有较高的文学价值，学生在阅读过程中可以感受到作者的语言魅力和审美情感。这有助于他们在阅读长篇小说、诗歌等文学作品时，能够更好地品味语言，欣赏作品。微阅读对阅读理解能力的促进作用主要体现在提升阅读理解深度上。

通过微阅读，学生可以提高词汇理解能力、句子理解能力、篇章理解能力、推理判断能力和审美鉴赏能力，从而在初中语文听说读写过程中更好地理解和把握文本。因此，教师应充分利用微阅读的优势，将其融入初中语文教学，为学生提供更多锻炼阅读理解能力的机会。

五、微阅读在听说读写中的综合应用

（一）听说读写能力的相互促进

微阅读作为当今信息时代的产物，在初中语文的听说读写教学中扮演着日益重要的角色。它有效地提升了学生的阅读效率，更在潜移默化中促进了听说读写各项能力的综合发展。在初中语文的教学中，听说读写四个方面相辅相成。听，是理解语言的基础，有助于学生获取外部信息，提升语感；说，是表达思想的途径，有助于锻炼学生的口头表达能力，增强逻辑思维能力；读，是获取知识的手段，能够拓宽学生的知识面，培养阅读理解能力；写，是语言运用的综合体现，能够提升学生的文字表达能力和创作能力。而微阅读，恰好为这四个方面提供了丰富的素材和练习机会。

在听方面，微阅读以其音频形式，让学生在听的过程中锻炼听力和理解能力。学生可以通过听取微阅读音频资源，抓住关键信息，理解文章的主旨大意，从而提升对语言的敏感度。同时，通过听不同的微阅读素材，学生还能接触到不同风格、不同主题的语言表达，进而丰富自己的语言储备。在说方面，微阅读提供了丰富的话题和语言素材。学生可以针对微阅读内容进行讨论、复述、观点分享，从而在说的过程中锻炼口头表达能力和逻辑思维能力。通过与同伴的交流和讨论，学生还能够相互启发，拓展思维，进一步提升自己的语言表达能力。在读方面，通过阅读微阅读内容，学生可以锻炼自己的阅读速度和阅读理解能力，同时也能够学习到不同的写作技巧和表达方式。此外，微阅读还能够激发学生的阅读兴趣，引导他们主动寻找更多的阅读材料，拓宽知识面。在写方面，微阅读为学生的写作提供了许多写作思路。学生可以通过仿写的方式，将微阅读内容转化为自己的文字表达。通过将自己仿写的作品与原文进行对比，学生还能够发现自己在写作上的不足，进而有针对性地提升自己的写作能力。

教师在实际教学中应充分利用微阅读这一资源，将其与听说读写的教学紧密结合，为学生创造一个丰富多样的学习环境。同时，教师还应引导学生正确看待微阅读，避免其成为浅阅读的代名词，而是要将其作为提升语文能力、拓宽知识面的有效途径。只有这样，才能真正发挥微阅读在初中语文教学中的作用。

（二）微阅读在语言学习中的循环应用

在微阅读的过程中，学生不仅通过眼睛进行阅读，更通过耳听、嘴说、手写等方式，全面参与语言学习的过程，形成一个良性的学习循环。

在听的方面，通过朗读、听力训练等方式，让学生在听的过程中感知语言的韵律和节奏，理解微阅读材料的深层含义。教师可以选取一些经典的微阅读材料，引导学生进行朗读练习，让学生在听自己和他人的朗读中，逐渐掌握语言的发音规律和语调变化。同时，教师还可以设计听力训练任务，让学生通过听录音、听对话等方式，锻炼自己的听力理解能力，提高语言感知的敏感度。

在说的方面，微阅读丰富的素材和话题，为学生提供了锻炼口语表达能力的平台。学生可以通过小组讨论、角色扮演等方式，对微阅读材料进行解读和讨论，表达自己的观点和看法。这样的活动对于提高学生的口语表达能力具有极大的推进作用。此外，教师还可以引导学生进行口头作文训练，让学生在微阅读的基础上，进行口头的创作和表达，进一步锻炼口语能力。

在读的方面，微阅读本身就是一种高效的阅读方式，可以让学生在有限的时间内快速获取信息，提高阅读速度和理解能力。同时，微阅读材料的多样性也能够激发学生的学习兴趣和阅读热情。教师可以根据学生的学习情况和兴趣爱好，定期推荐和更新微阅读材料，让学生在阅读中不断积累知识和经验。

在写的方面，微阅读为学生提供了全新的学习模式。学生可以通过对微阅读材料进行再创作，锻炼自己的写作能力。此外，教师还可以引导学生进行微写作训练，让学生在短时间内完成一篇短文或日记等形式的写作任务，培养学生的写作技巧和表达能力。在微写作的过程中，学生不仅能够巩固和运用所学的语言知识，还能够通过写作表达自己的思想和情感，实现语言学习的深层目标。

在微阅读的综合应用中，听说读写各项技能并不是孤立存在的，而是相互关联、相互促进的。通过阅读相关材料，学生获取了语言知识和信息，为听说写提供了素材和话题；通过听和说的训练，学生加深了对阅读材料的理解，提高了语言表达的能力；而写作则是对所学知识的综合运用和创造性表达。因此，微阅读的语言学习形成了一个听说读写的良性循环。

微阅读在语言学习中的循环应用还体现在其持续性和渐进性上。微阅读材料的不断更新和拓展，使得学生能够持续接触到新的语言知识和文化信息，保持学习的兴趣和动力。同时，随着学生语言能力的提高，教师可以逐渐增加微阅读材料的难度和复杂度，帮助学生提高语言水平，推动他们不断向更高的层次发展。

（三）综合提升语言运用能力

在初中语文的广阔天地中，微阅读以其独特的方式，在潜移默化中提升了学生的语言运用能力，使他们在语文的海洋中畅游无阻。这些微小而精练的文字，如同种子一般，在学生心中生根发芽，逐渐长成参天大树。

在听的方面，学生能够在短时间内集中注意力，捕捉信息。通过聆听教师或同学的微阅读分享，学生不仅能够锻炼自己的听力，更能够在听的过程中，学习如何抓住重点，理解作者的情感和意图。这种听的训练，不仅提高了学生的理解能力，也增强了他们的专注力。

在说的方面，学生可以根据微阅读的内容，发表自己的观点和看法，与他人进行交流和讨论。这种说的训练，进一步锻炼了学生的口语表达能力。通过微阅读，学生学会了如何用自己的语言去表达思想，如何与他人进行有效的沟通。

在读的方面，无论是文学作品、历史典故还是科普知识，都可以通过微阅读的形式呈现在学生面前。这种读的训练，不仅能够提高学生的阅读速度和阅读量，更能够培养他们的阅读兴趣和阅读习惯。通过微阅读，学生学会了如何从不同的角度去理解和解读文本，如何从中汲取知识和智慧。

在写的方面，微阅读为学生提供了宝贵的写作灵感和素材。学生可以根据微阅读的内容，进行仿写、续写或创作自己的作品。这种写的训练，不仅能够锻炼学生的写作能力，更能够培养他们的逻辑思维和想象力。通过微阅读，学生学会了如何将自己的思想和情感转化为文字，如何创作出具有个性和魅力的作品。

综合提升语言运用能力，微阅读在其中起到了至关重要的作用。它如同一座桥梁，连接了听说读写四个方面的训练，使学生在语文学习中实现了全面发展。通过微阅读，学生不仅能够提高自己的语言水平，更能够培养自己的文化素养和人文精神。因此，我们应该充分利用微阅读这一宝贵的教学资源，让学生在微阅读的过程中，不断提升自己的语言运用能力。同时，教师也应该注重引导学生正确地进行微阅读，帮助他们从中汲取营养，实现自我成长。

第五章

微阅读在语文阅读理解中的应用

一、微阅读如何帮助学生提高阅读理解能力

在初中语文教学中，微阅读不仅为学生提供了一个轻松愉快的阅读平台，更在潜移默化中提高了他们的阅读理解能力。微阅读可以让学生利用碎片化的时间进行阅读，能够适应初中生忙碌的学习生活。在紧张的学习节奏中，学生往往难以抽出大量时间进行深度阅读。无论是利用课间休息还是午休时间，甚至是上下学的路上，都可以成为学生进行微阅读的好时机。这种阅读方式，让学生能够在繁忙的学业中找到阅读的乐趣，从而培养他们良好的学习习惯。微阅读的内容通常具有针对性强、信息密度高的特点。这些微阅读内容往往围绕着某一主题或知识点展开，让学生在短时间内就能够获取到丰富的信息。通过微阅读不断积累，学生的知识面得到了拓宽，对语文阅读中的各类主题和背景也有了更深入的了解。这种对知识的积累和理解，有助于学生在面对复杂的阅读材料时，能够更快地抓住文章的主旨和要点。微阅读还注重阅读技巧的培养。

在微阅读过程中，学生要学会快速找出关键信息，抓住关键词，这些也是微阅读教学要培养的阅读技巧。这些技巧在传统的阅读教学中往往难以得到充分的训练，而在微阅读中却能够得到有效的学习和实践。通过微阅读训练，学生的阅读速度和理解能力都会得到显著的提升。在微阅读的过程中，学生可以对阅读内容进行讨论、分享心得，这种互动式的阅读方式不仅能够激发学生的学习兴趣，还能够让他们在交流中加深对阅读材料的理解。此外，教师还可以利用微阅读平台组织线上阅读活动，进一步激发学生的阅读热情，提高他们的阅读理解能力。更重要的是，微阅读的内容往往具有启发性和思考性，能够引发学生的深入思考。在阅读过程中，学生需要运用自己的分析能力去理解和解读文本，这种思考过程有助于培养他们独立思考的能力。同时，微阅读也鼓励学生提出自己的观点和见解，这种开放性的阅读方式有助于培养学生的批判性思维和独立思考能力。另外，微阅读还能够在情感层面提升学生的阅读理解能力。初中生正处于情感丰富、情感波动较大的阶段，微阅读中的许多故事和情感表达能够触动他们的内心，引发共鸣。这种情感共鸣能够让学生更加深入地理解阅读材料中的情感色彩和人物心理，从而提升他们的阅读理解能力。此外，进行微阅读可以使学生的阅读态度发生转变。在微阅读的过程中，学生需要保持专注、耐心和毅力，这些品质对于提高他们的阅读理解能力至关重要。通过长期的微阅读练习，学生可以逐渐养成良好的阅读习惯和态度。微阅读在帮助学生提高初中语文阅读理解能力方面发挥了重要作用。它可以与初中生的学习生活节奏相适应，因此，我们应该充分利用微阅读这一新型阅读方式，引导学生积极参与其中，让他们在轻松愉快的阅读中不断提升自己的思考能力和分析能力。

然而，微阅读并非万能之药，它也有局限性。由于微阅读的内容通常较为简短，可能无法涵盖所有语文阅读的知识点和技能。因此，在利用微阅读提高学生阅读理解能力的同时，我们还需要结合传统的阅读教学方式，进行系统的知识传授和技能训练。只有将微阅读与传统阅读教学方式相结合，才能够更全面地提高学生的阅读理解能力。此外，教师在引导学生进行微阅读时，还需要注意选择适合学生年龄和认知水平的阅读材料，确保阅读内容的质量和深度。同时，教师还需要在学生进行阅读时，及时地给予他们指导，并针对学生在阅读方面存在的问题给予反馈，帮助学生解决阅读中的问题和困惑。只有这样，才能够充分发挥微阅读在提高学生阅读理解能力方面的作用。随着信息技术的不断发展，微阅读的形式和内容也将不断创新和完善。我们可以预见，未来的微阅读将更加注重个性化推荐和智能化分析，能够更精准地满足学生的阅读需求，提供更有效的阅读指导。同时，微阅读也将与其他教育资源和工具进行深度融合，形成更加完整和系统的阅读教育体系。对此，我们应该充分利用其优点，克服其局限性，将其与传统阅读教学方式相结合，共同推动学生阅读能力的提升。

二、微阅读对文学知识的拓展与加深

（一）微阅读在文学教育中的重要性

随着社会节奏逐渐加快，微阅读逐渐受到越来越多人的关注。在初中语文教学中，微阅读也发挥着越来越重要的作用。它不仅可以帮助学生拓展文学知识，加深对文学的理解，还可以提高学生的听说读写能力。传统的文学教育往往局限于教材和课堂，学生获取文学知识的渠道相对有限。而微阅读让学生不必只通过纸质图书就可以阅读各种文学类作品，如小说、散文、诗歌等。这些作品涵盖了古今中外的文学经典，可以让学生接触到更加多元化的文学知识。通过微阅读，学生可以更深入地了解文学作品的主题、情节、人物形象和语言表达等元素。同时，微阅读还可以让学生更好地理解文学作品背后的文化背景和社会意义，从而加深对文学的理解。在微阅读的过程中，学生需要仔细阅读文本，理解其中的内容，这有助于提高学生的阅读能力。同时，微阅读也可以培养学生的思考能力，让他们更好地表达自己的观点和感受。通过与他人分享阅读心得，学生还可以锻炼自己的口语表达和沟通能力。微阅读不仅可以帮助学生拓展文学知识，加深对文学的理解，还可以提高学生的听说读写能力。因此，教师应该在课堂上注重培养学生的微阅读能力，鼓励他们多阅读、多思考、多表达，从而更好地提高自己的文学素养和综合能力。教师可以引导学生将自己在微阅读中的感受、思考和心得写下来，从而锻炼他们的写作能力和表达能力。通过微写作，学生可以更好地理解自己的写作水平和不足之处，从而有针对性地进行改进和提高。

（二）微阅读对文学作品深入理解的作用

在初中语文学习中，微阅读的应用对文学作品的深入理解具有重要作用。在有限的课堂时间内，学生很难对长篇文学作品进行细致的阅读和理解。而通过微阅读，学生可以在短时间内了解作品的主要情节、人物关系和故事主题，为深入学习文学作品奠定基础。例如，在教授《背影》这篇课文时，教师可以引导学生先进行微阅读，了解父亲送儿子上学、父亲买橘子等基本情节，从而更好地理解作品中父爱的主题。文学作品往往具有丰富的意象、生动的描绘和深刻的哲理。通过微阅读，学生可以迅速捕捉到这些关键词语和精彩片段，从而加深对作品的理解。作品中的人物形象是作品的重要组成部分，通过微阅读，学生可以快速把握作品中的人物形象特点，进而深入理解作品。例如，在阅读《孔乙己》这篇课文时，学生可以通过微阅读分析出孔乙己是一个穷困潦倒、善良朴实、充满书生气的底层知识分子形象，从而更好地理解作品对社会现实的揭示。此外，微阅读还有助于初中生领悟文学作品的表达技巧。文学作品的艺术魅力在于其独特的表达技巧，如象征、比喻、拟人等。通过微阅读，学生可以感悟到这些表达技巧，提高文学鉴赏能力。例如，在阅读《荷塘月色》这篇课文时，学生可以通过微阅读领悟到作者运用的丰富的比喻和拟人手法，如

"月光如流水一般，静静地泻在这一片叶子和花上""从缸底斜射到这边荷叶上，略略有些颤动"，从而感受到作品的意境美。在短时间内，学生通过微阅读接触到作品的精彩部分，会产生深入阅读和探究的兴趣。这种兴趣和欲望有助于学生主动投入到文学作品的深入学习中，提高语文素养。通过微阅读，初中生可以快速把握作品的基本情节、关键词语、人物形象、表达技巧等，从而更好地领悟作品的内涵，提高文学鉴赏能力和语文素养。

（三）微阅读如何促进文学知识的拓展与加深

初中语文的教学不仅改变了传统阅读的模式，更促进了学生文学知识的拓展与加深。无论是经典名著的片段、短小精悍的现代诗歌，还是富含哲理的散文随笔，微阅读都能以简洁明快的语言，将文学的魅力展现得淋漓尽致。学生在阅读这些内容时，不仅能够感受到文学的美，更能够从中汲取文学的营养，不断积累文学知识。同时，微阅读还能够引导学生关注社会热点、思考人生哲理。虽然微阅读的内容篇幅短小，但其中蕴含的文学价值却不容小觑。学生在阅读过程中，需要仔细品味每一个字句，理解作者的意图，把握文章的主旨。通过长期的微阅读训练，学生的文学素养和阅读能力都会得到显著提高。每个学生的阅读兴趣、阅读习惯和阅读能力都有所不同，而微阅读正能够满足这种个性化的学习需求。学生可以根据自己的喜好和兴趣，选择适合自己的微阅读内容，进行有针对性的学习。同时，微阅读还能够激发学生的创作灵感，使其在生活中发现更多的美好与感动，并将其转化为文字表达出来。因此，我们应该充分利用微阅读的优势，将其融入初中语文的教学中，以提升学生的文学素养和综合能力。同时，教师也应该引导学生正确进行微阅读，避免其陷入过于分散、浅层次阅读的误区，确保微阅读能够在初中语文教学中发挥最大的作用。

三、微阅读如何引导学生进行深度阅读

（一）微阅读与深度阅读的关系

微阅读与深度阅读看似两个相互独立的概念，实则存在着密切的内在联系。微阅读在有的情况下只触及知识的表面，难以引领学生进行深入的思考和理解。而深度阅读更强调对文本的深入挖掘、对思想内涵的深刻领悟，是培养学生综合语文素养的必经之路。因此，如何将微阅读作为跳板，引导学生进入深度阅读的殿堂，成为初中语文教学中亟待解决的问题。微阅读作为初中语文教学的辅助手段，其核心价值在于激发学生对阅读的兴趣，为深度阅读奠定基础。然而，微阅读并不能完全替代深度阅读。微阅读所提供的信息往往碎片化、表面化。教师要引导学生进行深度阅读，就需要在微阅读的基础上，引导学生进行拓展和深化。具体而言，教师可以根据微阅读的内容设计一系列的问题和讨论，引导学生对微阅读的内容进行深入思考；同时，教师还可以推荐相关的拓展阅读材料，让学生在微阅读的基础上，进行更为全面、深入的阅读。在引导学生进行深度阅读的过程中，教师还需要注重培养学生的批判性思维。微阅读往往容易使学生陷入被动接受信息的状态，而深度阅读则需要学生主动思考、独立判断。因此，教师可以通过引导学生进行文本对比、观点辨析等活动，使他们在深度阅读中能够形成自己的见解和判断。通过在线平台或社交媒体等渠道，教师可以随时关注学生的阅读进度和感受，及时给予指导和建议。这种个性化的反馈和指导能够帮助学生更好地理解和掌握深度阅读的方法和技巧，提高他们的阅读能力和水平。微阅读与深度阅读并非孤立存在，而是相互促进、相互补充的关系。微阅读可以激发学生的兴趣，为深度阅读提供基础和动力；而深度阅读则可以深化学生的理解、培养学生的素养，为微阅读提供更为丰富的内涵和价值。因此，在初中语文教学中，教师应将微阅读教学与深度阅读教学相结合，全面提升他们的语文素养和综合能力。在具体教学实践中，教师可以通过设计有针对性的教学活动、提供丰富的阅读材料，将微阅读与深度阅读有机结合起来。同时，教师还应关注学生的个体差异和需求，提供个性化的指导和支持，确保每个学生都能在微阅读与深度阅读的融合教学中受益。

（二）微阅读在引导学生进行深度阅读中的作用

微阅读在引导学生进行深度阅读方面，发挥着不可忽视的作用。通过微阅读，学生可以轻松跨越阅读障碍，逐渐适应不同题材、不同风格的文学作品，为深度阅读打下坚实的基础。在引导学生进行深度阅读的过程中，微阅读起到了桥梁的作用。它帮助学生从浅层次的阅读逐渐过渡到深层次的思考。微阅读所选取的文章往往具有深刻的思想内涵和独特的艺术魅力，学生在阅读这些文章时，不仅能够感受到文字的美，更能够体会到文章背后所蕴含的深刻哲理。这种阅读体验能够激发学生的思维活力，促使他们主动思考、探索文章的意义和价值。微阅读还可以引导学生关注细节、品味语言、分析结构等，进而培养学生的深度阅读能力。微阅读通过选取具有争议性的话题和文章，引导学生从不同角度思考问题，培养他们的独立思考能力和创新精神。此外，微阅读能够根据不同学生的需求和兴趣进行个性化推荐。这使得每个学生都能够在微阅读中找到适合自己的阅读材料，进而激发他们的阅读热情。通过持续的微阅读训练，学生可以逐渐建立起自己的阅读体系和知识体系。因此，在初中语文教学中，我们应该充分利用微阅读这一有效工具，引导学生深入阅读、深入思考，不断提升他们的语文素养和综合能力。

（三）微阅读教学策略与方法

在制定微阅读的教学策略时，教师需要明确教学目标，结合学生的年龄特点和认知水平，精心筛选微阅读素材。这些素材应既具有思想性，又富有趣味性，不但能够激发学生的阅读兴趣，还要引发他们的思考。同时，教师还应注重微阅读与课堂教学的有机结合，将微阅读作为课堂教学的一种有益补充，提升学生的阅读能力。

在教学方法上，教师可以通过以下途径引导学生进行深度阅读：一是设置问题导向，激发学生的探究欲望。教师可以采用问题驱动式教学，富有启发性的问题，引导学生深入思考。这些问题可以涉及文本的主题、人物形象、情节发展等方面，旨在帮助学生从多个角度理解文本，提升他们的阅读分析能力。二是生生互助式教学，促进学生之间的交流与合作。教师可以将学生分成若干小组，让他们围绕微阅读素材展开讨论。在小组讨论中，学生可以分享自己的见解和感受，倾听他人的观点，从而拓宽自己的思维视野。同时，教师还应在讨论过程中给予适当的指导和点拨，帮助学生深化对文本的理解。三是利用现代化技术和设备，丰富学生的阅读体验。教师可以借助多媒体设备，将微阅读素材以图文并茂的形式呈现出来，使学生更加直观地感受文本的魅力。教师还可以利用网络资源，为学生推荐一些优质的微阅读平台或微信公众号，让他们能够拓宽阅读渠道。四是注重读写结合，提升学生的综合能力。教师在引导学生进行微阅读的同时，还应注重培养他们的写作能力。可以让学生将阅读所得转化为自己的文字表达，从而提升他们的写作水平。五是实施分层教学，关注学生的个体差异。每个学生的阅读兴趣、阅读能力和阅读习惯都有所不同，因此教师在微阅读教学中应充分了解学生的个体差异，对学生实施差异化教学。对于阅读水平较高的学生，教师可以为他们提供更有难度的微阅读素材和问题，激发他们的深层思考；对于阅读水平较低的学生，教师应给予更多的关注和鼓励，帮助他们建立信心，逐步提高阅读能力。六是培养阅读习惯，形成长期效应。微阅读虽然具有便捷性，但要想真正发挥其在深度阅读方面的作用，还需要培养学生良好的阅读习惯。教师可以通过定期布置微阅读任务、开展阅读分享活动等方式，使微阅读成为他们日常生活的一部分。微阅读教学策略与方法在引导学生进行深度阅读方面具有重要意义。

通过明确教学目标、筛选优质素材、设置问题导向、鼓励小组合作、利用现代化技术和设备、注重读写结合、实施分层教学以及培养阅读习惯等方法，教师可以有效地引导学生进行深度阅读，提升他们的阅读能力和综合素质。同时，微阅读作为一种新型阅读方式，也将在未来的初中语文教学中发挥越来越重要的作用。因此，教师应不断探索和完善微阅读教学策略与方法，以适应时代发展的需求。

第六章

微阅读在作文指导中的应用

一、微阅读如何启发学生作文思路

（一）微阅读提供丰富的素材来源

微阅读以其独特的形式和丰富的内涵，已经成为学生获取阅读素材的重要来源。在这个平台上，我们可以看到各种各样的优质内容，其中包括深受读者喜爱的各类小说、散文、诗歌、历史故事以及科普知识等多种形式的文本。这些丰富的素材来源，不仅满足了学生对于知识的渴望，同时也为他们提供了无限的阅读乐趣。在微阅读平台中，学生可以轻松地找到自己感兴趣的阅读资源，无论是悬疑推理、奇幻科幻、青春校园，还是历史人文、科普知识等，都有相应的作品可供选择。在阅读的过程中，学生不仅能够获取各种各样的知识信息，还可以深入地了解各种文学风格和体裁，领略不同的艺术表现形式。通过微阅读，学生的文学素养可以得到显著的提升。在阅读的过程中，学生可以接触到不同风格和流派的作家的作品，领略到不同的文学魅力。这些作品不仅可以为学生提供写作灵感，帮助他们发掘自己的创作潜力，而且还可以拓宽他们的文学视野，激发他们的创作激情。在不断的阅读、品味和思考中，学生可以积累丰富的素材，为他们的写作提供源源不断的灵感和养分。微阅读平台上的内容不仅具有很高的文学价值，同时也具有很高的实用价值。学生可以通过阅读这些作品，了解到各种社会现象和人生哲理，从而更好地理解和应对现实生活中的各种问题。为了更好地满足学生的阅读需求，微阅读平台还会不断更新和推出新的优质内容。这些新作品通常会根据时事热点、文化趋势等因素进行创作和策划，从而吸引更多学生的关注和喜爱。同时，微阅读平台还会积极开展各种阅读活动，如征文比赛、读书分享会等，为学生提供了一个展示自己才华和交流心得的平台。

（二）微阅读培养学生的观察力和想象力

微阅读是一种新兴的阅读方式，对学生的观察力和想象力有着积极的影响。微阅读平台提供的文本素材，涵盖了各种不同主题和风格的文章，让学生有更多的选择和机会去接触不同类型的文字作品。这些文章往往篇幅较短，内容简练，适合学生快速阅读，从而培养其对文本的敏锐观察力。在阅读微阅读平台上的文章时，学生可以仔细观察文中的细节，把握情节的发展。通过观察文章中的人物形象、环境描写、情节设计等方面的细节，学生可以更好地理解作者的用心之处，把握文章的主题和写作目的。这种精细的观察训练，不仅有助于学生提高阅读理解能力，还可以锻炼他们的观察力，使其在日常生活中更加敏锐地捕捉到细节，丰富自己的感知世界。与此同时，微阅读也鼓励学生开展深入思考，培养自己的想象力。通过阅读各种文本，学生可以跨越时间和空间的限制，进入不同的文学世界，体验不同的情感和人生。这种想象力的培养不仅可以让学生在写作时构思丰富多彩的情节和人物，还可以拓展他们的认知边界，让他们能够从更广阔的角度去思考问题，拥有更多的选择和可能性。通过不断阅读和思考，学生的观察力和想象力得到了锻炼和提升。在写作时，他们能够运用所读到的素材更加细致入微地描写细节，让文章更具真实感和感染力。同时，他们也能够运用丰富的想象力构思新颖的情节和人物，让作品更加生动有趣。观察力和想象力的培养不仅可以提高学生的写作水平，还可以让他们在其他领域具备更强的综合素养。

（三）微阅读引导学生学会从不同角度思考问题

微阅读平台上的文章内容多样，既有社会科学，又有自然科学；既有历史文化，又有现代时尚。通过阅读不同题材的文章，学生可以接触到不同观点和思维方式，了解不同文化和价值体系，拓展自己思维的广度和深度。在微阅读中，学生可以从各个领域汲取知识。例如，阅读关于自然科学的文章，可以让学生了解物理、化学、生物等学科的最新研究成果，理解自然规律，增强科学素养；阅读关于人文社会科学的文章，可以让学生掌握历史、哲学、政治等学科的基本原理，了解社会现象，提升人文素养。这些知识的积累和理解，有助于学生形成跨学科的思考方式，提高解决问题的能力。同时，微阅读还能够帮助学生了解不同的文化和价值观。在全球化的今天，了解和尊重不同的文化，对于培养具有国际视野的人才具有重要意义。通过微阅读，学生可以阅读到不同国家和地区的文学作品、历史故事、风土人情，感受到不同魅力，从而增强对文化多样性的认识和尊重。这种对文化多样性的认识和尊重，有助于学生形成开放、包容的世界观，提高跨文化交流的能力。在阅读和分析微阅读中的文章时，学生会逐渐形成自己的思考方式和立场。面对复杂多变的社会现象，学生要学会独立思考，形成自己的见解。微阅读的文章往往具有鲜明的观点和立场，学生在阅读过程中，需要分析和评判，从而形成自己的思考。这种思考方式和立场，有助于学生在面对问题时，能够独立思考，不盲从、不偏听偏信。在微阅读的引导和激励下，学生可以在写作中展现出自己的个性和独特性。个性是指学生在作文中表现出的独特的思考方式、表达方式和写作风格。独特性是指学生在作文中提出的独特的观点、见解。这种个性和独特性，是作文的生命，也是作文的魅力所在。因此，学生在进行微阅读时，要学会抓住文章的重点和核心。同时，学生也要进行深度阅读，从而全面、深入地了解和掌握知识。只有这样，学生才能够真正地提高自己的思维能力，写出有深度、有见地的作文。

二、微阅读对作文结构与表达能力的提升

（一）微阅读让学生学会合理安排文章结构

微阅读资源由于篇幅较短，这要求学生能够在短时间内可以完成阅读并理解这些文章。在进行微阅读过程中，学生需要运用自己的逻辑思维和表达能力，以便在有限的时间内清晰准确地表达出自己的观点和观察。这种需求也使得微阅读成为一种培养学生合理安排文章结构的有效方式。微阅读有助于学生理解文章的整体结构。在微阅读中，文章通常不会像传统长篇大论的文章那样冗长复杂。它们通常以简洁明了的方式表达出核心观点，同时穿插一些相关的细节和证据来支持这些观点。这种结构使得读者能够快速抓住文章的主旨，进而理解其中的内容。通过频繁的微阅读训练，学生可以逐渐掌握文章的整体结构，学会如何从宏观角度把握一篇文章的布局和安排。在进行微阅读时，学生需要时刻关注作者的思路和表达方式，以便能够准确理解和回应其中的信息。这种训练有助于学生培养有条理的表达能力，使他们能够在写作中清晰、有条不紊地表达自己的想法。通过微阅读，学生可以逐渐学会如何组织语言、如何选择适当的词汇和句式以及如何在文章中添加适当的过渡和衔接，使得自己的观点更加易于理解和接受。在微阅读中，学生需要关注文章的整体布局和逻辑关系，以便能够理解其中的信息是如何相互关联、层层递进的。这种全局观念的培养

有助于学生在写作中更好地把握文章的整体结构和逻辑关系，使文章更加连贯、有条理。

（二）微阅读可以提高学生的语言表达能力

微阅读的内容可能是一则小故事、一篇短文或一个段落，要求学生在有限的时间内找出主题，抓住重点，用简练的语言清晰地表达出文章的思想。这种限制好比是一种挑战，激发了学生去思考如何在短时间内准确地用简洁的语言表达出自己的观点。在微阅读中，学生不仅需要理解文本的内容，还需要理解作者的写作意图，领会文章的主旨。只有做到这一点，才能用自己的语言准确表达出来。这对于学生来说是一种语言能力的挑战，需要他们不断地去思考、去练习、去改进。通过这种反复练习，学生可以逐渐提高他们的语言表达能力，使自己的表达更加清晰、精准、有条理。另外，微阅读也可以帮助学生养成简洁明了的语言表达习惯。在微阅读练习中，教师可以要求学生用有限的字数表达出清晰的思想，这就需要他们概括归纳，选词用语更加准确。这种练习可以帮助学生养成言之有物、精准表达的优良习惯，提高他们的语言表达能力。此外，微阅读也可以帮助学生提高文字的组织能力。在有限的篇幅内，学生需要将自己的思想整理得井然有序，使读者能够一目了然。这就需要他们懂得如何组织文段、如何串联语句，使整个文章逻辑清晰，层次分明。通过不断练习微阅读，学生可以提高自己在文字组织方面的能力，使自己的表达更加地连贯流畅。

（三）微阅读帮助学生丰富词汇，提高写作水平

微阅读涉及的话题广泛，包括科技、文化、历史、社会等多个领域，这使得学生在阅读过程中能够接触到更多的新词汇。这些新词汇不仅可以帮助学生拓展知识面，还可以使他们的词汇储备得到极大的丰富。然而，仅仅扩大词汇量是不够的，如何将这些新词汇灵活地运用到写作中，才是提高写作水平的关键。学生在阅读微阅读的过程中，可以通过查阅字典、阅读词汇书籍等方式来学习新词汇，并在写作中进行实践，从而使自己的写作词汇库不断丰富和提高。此外，微阅读还有助于学生提高写作技巧。微阅读的内容多样，形式丰富，学生在阅读过程中，可以学习到不同的写作手法和表达方式。这些写作手法和表达方式，可以帮助学生在写作时，更加得心应手，游刃有余。他们可以通过模仿微阅读中的优秀表达方式，将其运用到自己的写作中，从而提高自己的写作水平。

三、微阅读在写作评价中的作用

（一）微阅读使评价更全面、细致

在传统的写作评价方式中，教师往往需要对学生的作文进行逐字逐句的阅读，然后根据文章的结构、内容、语言等方面进行评价。然而，由于时间有限，教师很难对每一篇作文都做到全面、细致的审查。这就导致了一些问题，比如

评价可能不够客观，或者评价标准可能不够统一。而微阅读的出现，使得这一问题得到了很好的解决。微阅读，简单来说，就是注重对文章的整体把握，强调对关键信息的精练提取。在评价过程中，教师可以利用微阅读的方法，快速捕捉到文章的核心内容，对文章的主题、观点、论证等方面进行深入剖析。这样一来，评价时就更能挖掘出学生的写作潜能。微阅读不仅可以帮助教师评价学生的写作，还具有很强的信息整合能力。教师可以通过微阅读，将学生的作文进行分类、归纳，从而发现不同类型作文的共性问题，有针对性地进行指导。比如，在某个年级，学生普遍在描写景物方面存在问题，那么教师就可以有针对性地进行教学，帮助学生提高描写景物的能力。同时，教师还可以通过微阅读，对学生的写作风格、表达手法等进行总结，为学生提供更有针对性的建议，帮助他们在写作过程中形成自己的风格。比如，有的学生擅长叙事，有的学生擅长抒情，教师就可以根据学生的特点，给予他们相应的指导。

（二）微阅读可以提高评价的效率

在传统的写作评价过程中，教师需要花费大量的时间和精力去阅读、分析学生的作文。这种传统的评价方式，不仅使教师的工作压力很大，而且评价效率低下。随着微阅读的兴起，这种局面得到了极大的改善。微阅读的出现，极大地提高了评价的效率，让教师能够在更短的时间内完成更多的评价工作。微阅读之所以能够提高评价的效率，主要是因为它具有快速、高效的特点。教师只需要利用碎片化的时间，通过微阅读的方式，就能够对学生的作文有一个初步的了解。在短时间内，教师就能把握住文章的核心内容，对学生的写作水平有一个大致的了解。这使得教师能够迅速发现学生的优点和不足，为后续的详细评价提供依据。除了能够快速把握学生的写作水平外，微阅读还可以借助现代科技手段，如人工智能、大数据等，对学生的作文进行自动分析。这种自动分析能够从多个角度对作文进行分析，包括语法、词汇、句子结构等方面。这样一来，教师就可以节省大量的时间，将更多的精力投入到对学生的个性化指导中。这不仅有助于提高评价的效率，还有助于提高学生的学习效果和写作水平。另外，微阅读还可以帮助教师更好地掌握学生的写作动态。通过微阅读的方式，教师可以及时了解学生的写作进度和水平，及时发现学生在写作中存在的问题和困难。这有助于教师更好地制订教学计划和策略，更好地指导学生进行写作。

（三）微阅读促进评价的个性化发展

传统的评价方式，注重学生的整体表现，强调共性，却忽视了每个学生的个性差异。然而，每个学生的写作风格、表达方式都有所不同，他们对于知识的吸收和运用，都有自己独特的方式和方法。这就需要我们在评价学生的时候，能够更加细致、更加深入地了解每个学生的特点，才能更好地促进他们的个性化发展。而微阅读恰好可以解决这个问题。微阅读注重对文章个性化的把握，它要求读者在短时间内，快速捕捉文章的核心内容，理解作者的写作意图。这需要读者具备较高的阅读理解能力，也需要读者能够根据自己的需求，有选择性地进行阅读。这种阅读方式，可以帮助教师迅速捕捉到学生的独特见解、创新思维等方面，从而为学生提供更有针对性的评价。微阅读还可以帮助教师发现学生的潜能。在传统的评价方式中，教师往往只能通过学生的考试成绩、作业表现等来了解学生，这些方式往往难以发现学生的潜能。而微阅读则可以通过对学生的阅读理解、观点表达等方面进行分析，帮助教师发现学生的兴趣、特长，从而有针对性地进行培养，促进学生的个性化发展。此外，教师还可以对学生的作文进行多维度分析，从而为学生提供更加个性化的评价。例如，通过对学生的作文进行语义分析等，可以深入了解学生的思想感情，为学生提供更有针对性的指导。同时，利用现代科技手段可以帮助教师快速批改作文，提高工作效率，让学生在更短的时间内得到反馈，从而提高学生的学习效率。

第七章

微阅读在课外阅读中的应用

一、微阅读如何激发学生的阅读兴趣

（一）微阅读提供了多样化的阅读内容

微阅读的载体随着科技的发展而变得越来越多样化，如手机、平板电脑、电子书等。这些设备不仅可以提供文字内容，还包含图片、音频、视频等多种形式的阅读内容，为人们提供了丰富多样的体验。在过去，人们的阅读方式主要依赖于传统的纸质图书，而微阅读的出现，打破了这种局限。现在，人们可以通过手机、平板电脑、电子书等设备，获取到各种类型的阅读内容。无论是新闻资讯、科技文章，还是文学作品、历史故事，都可以通过各种电子移动设备找到。这些多样化的阅读内容满足了不同人群的兴趣爱好。微阅读的内容形式也多种多样。传统的阅读内容主要以文字为主，而微阅读不仅包含文字内容，还包括图片、音频、视频等多种形式。这使得阅读变得更加生动有趣，让人们在阅读过程中能够更好地接收和理解信息。例如，读者想了解自然风光的内容，通过微阅读平台，读者不仅可以阅读到文字，还可以看到相应的图片和视频，从而更加直观地感受到大自然的美景。这种多元化的内容形式，让微阅读更具吸引力。在过去，阅读主要局限于纸质书籍，有时人们需要携带大量的图书才能满足阅读需求。而现在，通过微阅读平台，人们便可以获取到所需的阅读内容，无论是出门旅行还是上班下班，都可以方便阅读。这种便捷性让微阅读成为现代人生活中不可或缺的一部分。

然而，微阅读的多样化特点也带来了一些问题。由于内容形式的丰富多样，一些人在选择阅读内容时，容易受到不良阅读资源的干扰，沉迷于一些低俗、冗余的信息，导致阅读质量下降。此外，过多的阅读内容也使得人们在选择时容易眼花缭乱，难以确定自己真正需要的信息。因此，如何在微阅读中保持良好的阅读习惯，筛选出有价值的内容，成为一个亟待解决的问题。针对这个问题，我们需要从两个方面进行改进。一方面，微阅读平台应加强对内容的审核和筛选，提供更多高质量、有价值的阅读内容。另一方面，读者本身也要培养良好的阅读习惯，学会筛选和判断阅读内容的价值。只有这样，微阅读才能真正发挥其优势，为人们提供丰富的知识资源和精神享受。

（二）微阅读通过趣味性引导激发阅读兴趣

微阅读的平台通常具有趣味性。在手机、平板电脑等移动设备上，阅读应用的设计往往富有创意，不仅提供文字内容，还通过图片、音频、视频等多种形式，使阅读变得更加生动有趣。此外，许多阅读应用还会有一些互动环节，如猜谜语、解谜题等，这些环节可以吸引学生的兴趣，激发他们的好奇心和探索欲望，从而引导他们进行阅读。在快节奏的生活中，人们往往希望寻找一些轻松有趣的阅读内容，以放松心情。微阅读恰好满足了这一需求。它以幽默风趣的语言、生动形象的故事情节，吸引读者的注意力，使人们在阅读中感受到乐趣。这种愉悦的阅读体验，让人们对阅读产生浓厚的兴趣，从而积极主动地去阅读。此外，微阅读还具有很强的社交属性。在社交媒体平台上，人们分享自己喜欢的阅读内容，与其他读者互动交流，共同探讨问题。这种互动性不仅让阅读变得更加有趣，还能拓展读者的社交圈子，结识志同道合的朋友。在这个过程中，读者不仅可以获得知识，还可以提高自己的沟通能力和人际交往能力。然而，微阅读也存在一定的弊端。微阅读如果过于注重趣味性，可能导致读者忽视对深度阅读的探索。因此，在享受微阅读带来的便利和乐趣的同时，我们还需保持深度阅读的习惯，以确保自己的知识体系更加完善。

（三）微阅读帮助学生找到自己感兴趣的阅读方向

微阅读提供了多样化的阅读内容，学生可以轻松地接触到各种不同类型和风格的书籍。这种多样性在满足学生好奇心的同时，还可以帮助他们探索自己的阅读兴趣和阅读方向。短篇作品常常结构简单、情节紧凑，可以让学生很快地进入故事情节，沉浸其中。在阅读的过程中，学生可以尝试预测故事的发展，思考作者的用意，甚至进行创作和改编。这种参与性和互动性可以激发学生对阅读的热情。因此，微阅读不仅可以帮助学生找到自己感兴趣的阅读方向，还可以激发他们的阅读兴趣和开拓他们的阅读视野。通过微阅读，学生可以在短时间内接触到不同类型和风格的书籍，从而了解自己的兴趣爱好和阅读倾向。这有助于学生选择适合自己的阅读材料，提高阅读效率和阅读质量。通过微阅读，学生还可以不断拓展自己的阅读范围和深度，了解更多的文化知识和人生哲理。在阅读的过程中，学生可以感受到不同作者的思想和情感，体会到文字的魅力和力量。这种体验可以潜移默化地影响学生的认知和情感，提高他们的综合素质和人文修养。

二、微阅读对学生课外阅读习惯的培养

（一）微阅读让学生养成定期阅读的习惯

定期阅读对于学生的阅读习惯的养成至关重要。微阅读可以使学生在任何时间、任何地点进行阅读，帮助学生养成定期阅读的习惯。无论是在课间休息时间，还是在公交车上、在睡前，学生都可以进行微阅读。这种便捷的阅读方式让学生不再受限于传统的纸质图书，可以更加方便地获取各种阅读资源，从而更容易形成定期阅读的习惯。微阅读的灵活性也为学生提供了更多的选择，学生可以根据自己的兴趣和需求进行选择，让阅读更加具有乐趣和吸引力。同时，微阅读还可以增强学生的阅读体验，促进交流和思考。利用微阅读这种新颖的阅读形式，学生可以逐渐培养出定期阅读的习惯。学生可以在课间阅读一

篇短文，激发思维，拓展知识；在睡前阅读一小段故事，放松心情，丰富内心世界。这样的习惯不仅可以提高学生的阅读能力和阅读速度，还能激发学生对阅读的兴趣和热情，让阅读成为他们生活中不可或缺的一部分。除此之外，微阅读还可以帮助学生建立自主阅读的意识和能力。学生在微阅读的过程中，可以自主选择自己感兴趣的阅读内容，培养自己的阅读品位和阅读能力。微阅读还可以让学生自主安排阅读时间，培养自己的阅读计划和阅读习惯。通过这样的自主阅读，学生不仅能够提高自己的阅读水平，还能够在阅读中不断发展和丰富自己的内心世界。

（二）微阅读培养了学生的自主阅读能力

自主阅读能力是指学生在没有外界压力的情况下，能够主动选择并阅读书籍、文章的能力。这种能力对于学生的成长和发展具有重要意义。一方面，自主阅读能力可以帮助学生更好地获取知识，提升自己的认知水平；另一方面，自主阅读能力也可以培养学生的审美情趣，提升他们的文化素养。内容丰富的微阅读材料可以满足不同学生的阅读需求，激发他们的兴趣。当学生发现阅读是一件有趣的事情时，他们会更愿意投入到阅读中，从而培养他们自主阅读的能力。微阅读快速获取信息的方式，让学生在阅读中体验到了成就感，激发了他们继续阅读的欲望。当学生在阅读中获得了满足感，他们会更加自信地进行阅读。此外，微阅读还可以帮助学生养成良好的阅读习惯。阅读习惯的养成需要长时间的坚持和积累。微阅读以其便捷的特点，使学生可以随时进行阅读。

这种随时可读的特性，让学生养成了喜爱阅读的习惯。微阅读还可以帮助学生提高自己的语言表达能力。在微阅读的过程中，学生需要理解并运用文章中的语言表达方式，这无疑是对他们语言能力的一种锻炼。通过大量的微阅读，学生可以学习到不同的表达方式，掌握丰富的词汇和句型，从而提高自己的语言表达能力。

（三）微阅读帮助学生养成良好的阅读习惯

良好的阅读习惯是保持课外阅读持久性的重要保障。微阅读有助于提高学生的专注力。在快节奏、高压力的现代生活中，保持专注变得越来越困难。然而，微阅读是一种适合现代人快节奏生活的阅读方式，它能够使学生在短时间内比较轻松地获取一定的信息，并在轻松愉悦的氛围中提高专注力。微阅读的这种特性使学生能够更容易地沉浸在阅读过程中，减少外界干扰，从而在课外阅读中保持专注。长期坚持微阅读能够使学生养成每天阅读的习惯。许多研究表明，定期的课外阅读有助于提升学生的语言能力和思维能力。这将为他们的课外阅读提供持久的动力和保障。

三、微阅读如何指导学生选择适合自己的阅读材料

（一）微阅读推荐系统为学生提供个性化推荐

在当今信息量激增的社会，如何从海量的阅读资源中找到适合自己的内容，

对于广大学生来说是一个不小的挑战。为了解决这个问题，微阅读推荐系统应运而生，它通过深入分析学生的阅读历史、点赞记录、搜索习惯等信息，为学生提供个性化的阅读推荐，帮助他们更好地探索知识的海洋。微阅读推荐系统通过分析学生以往阅读的内容，可以了解他们的阅读兴趣和阅读水平，从而更有针对性地为他们推荐相关的阅读材料。例如，如果一个学生长期以来都喜爱阅读科幻小说，那么微阅读系统就会将更多的科幻小说及其相关内容推荐给他。这样的推荐不仅符合学生的阅读兴趣，还能帮助他们进一步拓展自己的阅读领域，提高阅读质量。微阅读推荐系统还可以关注学生的点赞记录。学生在阅读过程中对某些内容点赞，往往表示他们对此类内容感兴趣。因此，系统会将这些点赞记录作为推荐阅读资源的重要依据，进一步优化推荐结果。当学生为某部作品点赞后，微阅读系统会将其纳入推荐列表，以便学生继续深入了解和探索。这样的推荐方式不仅满足了学生的个性化需求，还能使他们更愿意投入时间和精力去阅读和学习。微阅读推荐系统还关注了学生的搜索习惯。学生在阅读过程中可能会遇到一些疑问或需求，这时他们会使用搜索功能来寻找答案。通过分析这些搜索记录，微阅读系统可以更准确地了解学生的需求，为他们提供更符合他们需求的阅读材料。这样的推荐方式能够满足学生的多元化需求，提高他们的阅读效果和收获。

（二）微阅读引导学生根据兴趣选择阅读材料

除了通过推荐系统来帮助学生选择阅读材料外，微阅读还可以通过其他方式来引导学生根据自己的兴趣和需求选择适合自己的阅读材料。这些方法不仅有助于提高学生的阅读兴趣和积极性，还可以促进学生对特定领域和主题的理解和掌握。在微信公众号等平台上设置阅读推送功能是一种有效的方式。学生可以根据自己的兴趣和需求选择感兴趣的领域和主题，然后系统会根据他们的选择自动为他们推送相关的阅读材料。这种方式可以使学生更主动地参与到阅读过程中，增强他们的阅读体验和效果。微阅读还可以通过设置一些标签和分类来帮助学生更好地找到适合自己的阅读内容。这些标签和分类可以根据不同的领域和主题进行设置，以便学生可以按照自己的需求和兴趣进行筛选。通过这种方式，学生可以更方便地找到与自己兴趣爱好相符的阅读材料，从而更好地提高自己的阅读质量和效果。通过这种方式，学生可以更为主动地参与到阅读过程中，提高自己的阅读兴趣和阅读能力。此外，这种个性化阅读方式也可以帮助学生更好地拓展知识面，增强对不同领域和主题的理解和掌握。在具体实施过程中，学校和教师也可以积极参与进来，为学生提供更多的指导和支持。教师可以利用微阅读来组织课堂讨论和互动，引导学生更好地理解和掌握相关的知识和技能。学校也可以为微阅读提供更多的资源和平台，以便更好地满足学生的需求和提高他们的阅读能力。家长和社会各界也应该给予微阅读足够的关注和支持。他们可以通过鼓励孩子多读书、读好书的方式来引导他们养成良好的阅读习惯。同时，社会各界也可以为微阅读的推广和应用提供更多的支持和资源，以便更好地满足学生的学习需求和提高他们的阅读能力。

（三）微阅读帮助学生学会辨别阅读材料的价值

在当今这个信息化的社会，互联网为学生提供了琳琅满目的阅读材料，这无疑增加了学生在信息海洋中迷失的风险。因此，微阅读的角色就愈发重要，它需要帮助学生学会辨别阅读材料的价值，而不仅仅是看重数量，更要注重质量。微阅读不仅仅是一种简单的阅读方式，它更是一种培养学生独立判断和思考能力的重要途径。为了实现这一目标，微阅读需要通过一些评价和反馈机制，让学生可以分享自己的阅读体会和感悟。这样的机制可以帮助学生更好地辨别阅读材料的优劣。这种方式可以帮助学生更全面地理解和评价阅读材料的意义和价值，培养他们的综合分析能力和独立思考精神。

第八章

微阅读与文学赏析

一、微阅读如何引导学生进行文学作品的赏析

（一）微阅读提供了文学作品的深入解读

微阅读在文学作品解读方面发挥了独特的作用。这种阅读方式的特点在于能够快速传递信息，这使得读者可以在短时间内对文学作品进行基本了解，进而进行深入的解读。微阅读的优势在于，它能够让读者更全面地了解文学作品的主题、情节、人物形象等，为更好地理解作品的意义和价值打下基础。通过微阅读，读者可以更轻松地把握作品的整体结构，从而更好地理解文学作品的深层含义。微阅读的优势不仅限于此，它还能帮助读者发现文学作品中的一些细节和隐含信息。这些细节和隐含信息往往需要读者仔细品味才能发现，而微阅读可以使读者更容易进行阅读和思考，可以使读者能够更全面地理解文学作品。在快节奏的生活中，人们往往没有足够的时间和精力去深入阅读一部长篇小说或诗歌等文学作品，而微阅读恰好弥补了这一不足，可以让人们在短暂的

闲暇时间里也能享受文学的魅力。微阅读还可以与其他阅读方式相结合，如深度阅读、精读等，以满足不同读者的需求。深度阅读能够让读者更全面地理解作品的主题、思想、艺术价值等；精读则更适用于一些专业性较强的文学作品，如理论著作、哲学作品等。通过结合不同的阅读方式，读者可以更好地理解和欣赏文学作品的全貌。值得一提的是，微阅读的流行也给文学作品的传播带来了新的可能性。随着移动设备的普及和网络技术的发展，越来越多的文学作品被制作成了短视频、短文、漫画等形式，更加符合微阅读的特性。这些新型的文学传播方式为读者提供了更多的选择，同时也为文学作品的创作和传播带来了新的机遇和挑战。

（二）微阅读引导学生关注文学作品的细节

在传统的阅读方式中，学生往往更加注重情节和故事的发展，而忽视了文学作品的细节。因为在传统的阅读模式下，学生往往需要在有限的时间内完成大量的阅读任务，这就使得他们在阅读过程中，更倾向于关注故事的整体情节，以便尽快了解故事的发展。而在这个过程中，文学作品中的细节往往被忽视。微阅读的普及，使得学生可以通过更快速、更简洁的方式接触到文学作品，这使得学生在阅读过程中，可以更加轻松地抓住作品的精髓，进而更容易地发现并关注到文学作品中的细节。这些细节可能是一些细微的表情、动作、语言等，但却是作者精心设计的，对于理解作品的主题和意义具有重要的作用。通过微阅读的引导学生可以逐渐培养起关注细节的习惯，从而更好地理解文学作品。

这不仅有助于提高学生的阅读水平，也有助于培养学生的审美能力和文学素养。微阅读的另一个优点是，它能够帮助学生在阅读过程中，更好地把握作品的艺术风格。艺术风格是文学作品的生命，是作者思想感情的外在表现。通过微阅读，学生可以更加敏锐地感受到作品的艺术风格，从而更好地理解作品。例如，通过微阅读，学生可以更容易地发现鲁迅作品中的讽刺意味，也可以更容易地感受到朱自清作品中的抒情气息。微阅读还有助于培养学生对文学作品的鉴赏能力。鉴赏能力是文学素养的重要组成部分，通过微阅读，学生可以更加熟练地运用鉴赏能力，对文学作品进行理解和分析。

（三）微阅读帮助学生理解文学作品的内涵

文学作品的意义和内涵，并非一眼就能看出来。这需要读者进行仔细的品味和深入的思考，这不仅需要投入大量的时间和精力，还要求读者具有一定的文学素养和审美能力。对于学生来说，在阅读的过程中可能会面临诸多挑战。然而，微阅读为这一难题提供了一种可能的解决方案。微阅读可以使学生充分利用生活中的零散时间进行阅读和思考。微阅读不仅可以帮助学生理解作品的主题，还能帮助他们理解作品的背景，了解作品所处时代的社会环境、文化氛围等。同时，微阅读也能帮助学生理解文学作品的文化内涵。不同的文学作品，其所蕴含的文化内涵也各不相同，通过微阅读，学生可以更好地把握作品的整体意义和价值。微阅读还可以帮助学生培养自己的阅读风格和审美观念。在微阅读的引导下，学生可以通过不断地阅读和思考，逐渐形成自己的阅读风格。

这种阅读风格的形成，不仅有助于学生更好地理解和欣赏文学作品，还能提升他们的文学素养和审美能力。微阅读的方式有很多种，包括电子书、手机阅读、在线阅读等，这些方式都使得阅读变得更加便捷。学生可以利用课间、午休、排队等候等碎片化时间进行微阅读，从而提高学习效率。同时，微阅读也使学生在阅读的过程中能够更好地把握住重点，有针对性地进行阅读和理解。

二、微阅读对学生文学素养的培养

（一）微阅读丰富了学生的文学知识储备

在微阅读中，学生可以接触到大量的文学佳作、名著片段以及名家品鉴等，这些内容涉及古今中外的文学大家，覆盖了各种文学流派和风格，使得学生在短时间内就能够了解到丰富的文学知识。在传统的文学教育中，由于时间和空间的限制，学生往往只能接触到一部分文学作品，而微阅读打破了这些限制，让学生能够了解到世界各地、各个时期的文学作品，比如，古希腊的史诗、文艺复兴时期的戏剧、19 世纪的小说以及 20 世纪的现代文学等。通过阅读这些作品，不仅丰富了学生的文学知识，也让他们对文学的发展有了更深入的理解。文学史上，各种流派和风格层出不穷，如现实主义、浪漫主义、现代主义、后现代主义等。微阅读提供了各种流派的经典作品和作家简介，让学生能够对这些流派和风格有一个清晰的认识。通过对这些作品和简介的阅读，学生可以了解当今不同流派和风格的特点和魅力，从而提高他们的文学鉴赏能力。现实生活是文学创作的源泉，只有关注现实，才能发现生活中的美好，才能创作出有深度、有温度的作品。微阅读提供了许多关注现实生活的作品，让学生在阅读中了解当今社会的各种现象和问题，从而培养他们的社会责任感。同时，微阅读还鼓励学生从日常生活中发现美好。文学素材是文学创作的基础，只有掌握了丰富的素材，才能在创作中游刃有余。微阅读提供了大量的文学资源，让学生在阅读中积累素材，提高他们的文学素养。这些素材不仅包括人物形象、故事情节，还包括各种文学手法和技巧。通过对这些素材的积累，学生可以提高他们的文学创作能力。

文学鉴赏能力是指学生对文学作品的理解、评价和欣赏能力。通过微阅读，学生接触到各种类型的文学作品，了解到不同的文学风格和流派，这使得他们在阅读作品时能够更加敏锐地捕捉到作品的精髓，更加准确地理解和评价作品，从而提高他们的文学鉴赏能力。文学创作是文学素养的重要组成部分，只有热爱文学创作，才能更好地理解和欣赏文学作品。微阅读提供了丰富的创作资源，让学生在阅读中感受到文学创作的乐趣，从而激发他们对文学创作的热爱。通过微阅读，学生不仅可以了解到文学的创作方法，还可以在实践中提高自己的创作能力，这对于他们文学素养的提升具有重要意义。

（二）微阅读提高了学生的文学鉴赏能力

微阅读在当今教育领域越来越受到重视，它要求学生能够快速把握文章的主旨和意义。这种形式的阅读，不仅让学生的文学鉴赏能力得到了显著提高，而且对学生深层次文学修养的培养也起到了积极的作用。微阅读要求学生在有限的时间内进行准确的阅读理解，这对学生来说是一个巨大的挑战，因为他们需要通过大量的阅读实践，逐渐提高自己的阅读速度和准确度，培养自己快速抓住关键信息的能力。只有这样，他们才能够更好地理解作品的主旨和脉络，并且能从中领悟作者的写作技巧和审美追求。这是一个需要长期坚持且有耐心的过程，只有通过不断的微阅读练习，学生才能逐渐形成对文学作品的整体把握能力。微阅读还注重学生对文学作品中情感表达的感受和理解。在有限的篇幅内，作者往往会通过言简意赅的表达方式，将自己的情感和思想深藏其中。学生需要通过细致的阅读和体会，才能领悟到作者的写作意图和情感表达。这种感悟能力是文学鉴赏的重要组成部分，也是微阅读培养的核心价值之一。只有通过对作者情感的深入理解，学生才能真正领略作品的内涵和魅力，从而更好地欣赏和评价文学作品。微阅读可以激发学生对文学作品情感表达的敏感度和理解力，为他们日后更深入地研究文学打下坚实的基础。除了对情感表达的关注，微阅读还引导学生学会分析文学作品中的其他元素，如形象、主题和手法等。通过对作品逐字逐句的解读，学生能够挖掘作品中表达的意义和风采，可以从中品味作者塑造的形象和鲜明的主题，分析作品中采用的修辞手法和表现手段。这种分析能力是文学鉴赏的重要技能，也是微阅读所培养学生拥有的能力。通过微阅读的训练，学生不仅能够熟练掌握分析文学作品的方法和技巧，还能够培养自己更全面地把握文学作品的内涵和精髓的能力。因此，微阅读在提高文学鉴赏能力的过程中起着至关重要的作用。

微阅读看似简单的阅读方式，其实蕴含着深厚的学问。它不仅要求学生犹如捕猎者在晨雾中瞥见猎物一般，能够快速准确地把握文章的主旨和韵味，还要如同渔夫在波涛中感受到鱼群的气息，理解作者的写作意图，感受作品中蕴含的情感表达。这是一个需要学生通过大量的阅读实践和不断的练习才能达到的能力。在这个过程中，学生不仅能更好地理解文学作品，深入其骨髓，把握其灵魂，更能从中领悟到作者的思想境界和审美追求。文学的世界是丰富多彩的，如同大千世界一般，既有繁华的都市，又有静谧的乡村；既有欢快的笑声，又有悲伤的泪水。而微阅读，就是打开这个世界的钥匙。微阅读不仅是一种阅读方式，更是一种教育理念。它强调的是学生的主体性，倡导学生主动探索、发现和领悟文学的魅力。通过微阅读，学生不仅可以增强对文学作品的认知和理解，而且还能提高自己的阅读速度和效率，这对于现代社会的高速生活无疑是有益的。在这个过程中，学生逐渐领悟到文学的价值和意义，进而培养起自己的文学情怀和人文素养。当然，我们也要意识到微阅读并非万能。它并不能替代传统的深度阅读，也不能解决所有关于文学的问题。但是，我们不能否认微阅读在提高文学鉴赏能力过程中的重要作用。因此，我们应该更加重视微阅读在教育领域中的地位和作用，将其作为提高学生文学鉴赏水平的重要手段。

（三）微阅读培养了学生的文学素养

微阅读可以培养学生的文学素养，这一点在当今的教育环境中显得尤为重要。微阅读要求学生在理解文章的过程中，必须具备较高的文学素养。这种能力并不仅仅局限于对文章主旨的把握，还包括对文章深层次含义的理解以及对其艺术价值的赏析。在微阅读的过程中，学生需要学习并掌握一些技巧，包括如何捕捉关键信息，理解作者的写作意图，以及感受作品中的情感表达。培养学生的文学素养是一项长期且复杂的任务，微阅读在这一过程中发挥了不可或缺的作用。通过微阅读，学生能够逐渐发展出对文学作品的敏感度，更好地理解和欣赏作者的精妙构思和独特风格。在这个过程中，他们不仅提高了自身的文学素养，也提升了自身的阅读理解能力。微阅读并不仅仅是引导学生快速理解文章，更重要的是让他们学会分析文学作品中的形象、主题和手法等。通过微阅读，学生能够逐步理解文学作品的各种元素。当他们面对不同类型的文学作品时，能够运用所学的知识进行鉴赏，从多个角度去理解作品，提高他们的文学素养。微阅读为学生提供了一个极好的学习平台。微阅读还强调对文章的整体把握，而非只关注细节。这对于培养学生的大局观和整体意识也是很有帮助的。通过微阅读，学生能够更好地理解文学作品的全貌，做出更为准确和深入的鉴赏，从而培养学生的文学素养。

三、微阅读在古诗词学习中的运用

（一）微阅读帮助学生理解古诗词的意境

微阅读在帮助学生理解古诗词的意境方面起到了重要的作用。古诗词是一种独特的文学形式，它们通常含蓄深刻的人生哲理和内涵，需要读者仔细品味和体会。然而，传统的阅读方式可能会让学生一次性地跳读或者只是流于表面，无法深入理解古诗词的内涵。相比之下，微阅读提供了一种更为有效的方法来解读和理解古诗词。微阅读可以将整首古诗词分解成几段，每一段分别阅读，这种方式有助于学生逐步理解整篇作品的意境。通过这种方式，学生可以在微阅读的过程中体会到古诗词中蕴含的婉约之美、恬淡之情，从而更好地领会古诗词的风格和特点。微阅读不仅能够帮助学生更好地理解古诗词的意境，还能培养他们对古诗词的兴趣和热爱。

微阅读有助于学生更好地领略古诗词中的婉约之美。婉约之美是中国古诗词的一种重要风格，它通常表现为细腻的情感、柔美的语言和曲折的表达方式。通过微阅读，学生可以逐段品味古诗词中的语言和情感，深入理解婉约之美的内涵。这种阅读方式能够让学生更好地领略到古诗词的美妙之处，激发他们对古诗词的热爱。微阅读对学生理解古诗词中的恬淡之情也起到了关键作用。恬淡之情是一种平和、淡泊的情感，常常出现在一些描写自然景物的诗歌中。通过微阅读，学生可以逐段欣赏这些诗歌，体会其中的意境和情感。这种方式能够让学生更好地理解恬淡之情的内涵，并培养他们对自然景物的欣赏能力。除了帮助学生理解古诗词的意境，微阅读还能培养学生的思考能力。在微阅读的过程中，学生需要仔细品味每一句话、每一个字词，从而深入思考古诗词的内涵和意义。这种思考过程能够锻炼学生的思维能力，提高他们的阅读理解能力。同时，微阅读还能培养学生的审美情趣，让他们在欣赏古诗词的过程中逐渐形成自己的审美标准。

（二）微阅读引导学生感悟古诗词的韵味

在引导学生感悟古诗词韵味方面，微阅读具有不可替代的优势。它不仅能够帮助学生在忙碌的生活中抽出片刻时间，静心品味古诗词之美，还能使学生在反复阅读中深入领会古人的智慧与情感。微阅读有助于学生感受古诗词的音韵之美。古诗词作为我国优秀传统文化的瑰宝，其独特的韵律和音韵是其魅力的重要体现。微阅读让学生在点滴阅读中，充分感受古诗词的音韵之美。古诗词的语言精练，用字讲究，音韵结构独特。通过微阅读，学生可以感受古诗词的韵律结构，体会其独特的音韵之美。这样的阅读方式有助于学生更好地理解古诗词的含义，增强对古诗词的感受力。微阅读可以帮助学生深入理解古诗词的修辞手法和表达技巧。古诗词中常常运用各种修辞手法和表达技巧，如对仗、押韵、用典、比兴等，以增强诗词的表现力和感染力。通过微阅读，学生可以掌握这些修辞手法和表达技巧的特点和运用方式，从而更好地欣赏和理解古诗词。微阅读使学生在不知不觉中，吸收了古人的智慧，丰富了自身的知识储备。微阅读还可以帮助学生逐渐领略古诗词的诗意和美感。古诗词不仅是一种文学形式，更是一种艺术表现方式。通过微阅读，学生可以领略古诗词所蕴含的诗意和美感，感受到古人的情感世界和智慧结晶，进而提升自己的道德观和人生境界。

然而，微阅读在引导学生感悟古诗词韵味的过程中，也存在一些问题。微阅读篇幅较短，可能导致学生对古诗词的理解不够深入；微阅读内容的选择往往具有主观性，可能导致学生对古诗词的认知产生片面性；微阅读注重轻松愉悦，可能导致学生对古诗词的严肃性缺乏认知。因此，在运用微阅读引导学生感悟古诗词韵味时，教师应加以引导，让学生在享受古诗词美好的同时，也能深入理解其中蕴含的人生哲理及感悟。

为了更好地发挥微阅读在引导学生感悟古诗词韵味方面的作用，我们可以从以下几个方面进行改进：

1. 精选古诗词微阅读内容

在进行微阅读内容的选择时，我们应当注重内容的精选，尽量挑选具有代表性的古诗词，让学生在点滴阅读中，感受到古诗词的魅力。古诗词是我国传统文化的精髓，其独特的韵味和深远的意境，无疑能够对学生的文学素养产生深远影响。古诗词中的意境美、语言美、情感美，与现代文学有所不同。因此，在选择微阅读内容时，应结合不同年级学生的认知水平，选择适合的古诗词进行阅读。这样不仅能够提升学生的阅读水平，还能够让学生在阅读中感受到古人的智慧和情感，从而提升他们的文学素养。对于低年级学生，我们可以选择较为简单的古诗词，如五言绝句、七言绝句，都是非常适合低年级学生阅读的古诗词。这些诗词描绘了生活中的点滴，如夜晚的静谧、春天的生机，让学生在阅读中能够感受到生活的美好。而对于高年级学生，我们可以选择较长的诗词，如律诗、词等。这些诗词结构复杂，语言优美，更能体现古人的智慧和情感，如《满江红》等，都是非常适合高年级学生阅读的古诗词。这些诗词描绘了壮丽的景色，表达了诗人的豪情壮志，让学生在阅读中能够感受到诗人的情感和意境。通过精选微阅读内容，让学生接触到更加丰富多样的古诗词，同时，教师还应该引导学生正确对待微阅读，让他们明白微阅读只是获取信息的一种方式，要想深入理解古诗词，还需要进行深入的阅读和研究。教师还可以结合课堂教学让学生在课堂上学习和欣赏古诗词，从而提升他们的文学素养。在教授古诗词时，教师可以引导学生分析诗中的意境和情感，让学生在阅读中能够更好地理解诗人的表达。同时，教师还可以组织学生尝试古诗词的创作和朗诵，让学生在实践中感受古诗词的魅力，提升他们的文学素养。

2. 加强对学生微阅读的引导

在学生进行微阅读时，教师的引导作用显得尤为重要。教师应当帮助学生克服微阅读的弊端，发挥微阅读的优势。教师可以通过课堂讲解的方式，让学生了解古诗词的基本知识。古诗词是我国传统文化的重要组成部分，它承载着丰富的历史文化信息和独特的艺术价值。因此，教师在课堂上应当引导学生了解古诗词的基本知识，如韵律、修辞手法和表达技巧等。教师可以讲解古诗词的格律，让学生了解古诗词的平仄、对仗、押韵等基本特点。在了解这些基本知识后，学生在阅读古诗词时，就能够注意到这些特点，从而更好地理解古诗词的内涵。教师还可以讲解古诗词的修辞手法，让学生了解这些修辞手法在古诗词当中的运用，从而提高学生对古诗词的理解和欣赏能力。教师还可以通过课外辅导的方式，引导学生注意古诗词中的情感表达和思想内涵。古诗词之所以能够流传千古，其中一个重要的原因就是它们能够表达深刻的情感和思想。因此，在阅读古诗词时，我们不仅要关注其表面的意思，还要深入挖掘其背后的情感和思想。教师可以引导学生从古诗词词语的选择、句式的运用等方面去感受古诗词的情感表达。教师可以讲解古诗词中常用的表达情感的词语，如"愁""欢""悲"等，让学生了解这些词语的用法和表达的情感。教师还可以引导学生注意古诗词中的句式变化，如倒装句、对仗句等，让学生理解这些句式的运用方式，从而更好地感受古诗词的情感表达。此外，教师还可以引导学生从时代背景、作者生平等方面去理解古诗词的思想内涵。诗词是在特定的时代背景下创作的，要理解古诗词的思想内涵，就需要了解其时代背景。同时，作者的生平经历、思想观念也会对其创作产生影响。因此，教师可以引导学生了解作者的生平，从而更好地理解古诗词的思想内涵。通过教师的引导，学生可以更好地理解古诗词的内涵，从而感受到古诗词的魅力。古诗词是我国传统文化的瑰宝，它蕴含着丰富的历史文化信息和独特的艺术价值。通过阅读古诗词，学生可以领略到古人的智慧，感受到古人的情感，从而丰富自己的精神世界。然而，要想真正领略到古诗词的魅力，就需要深入理解古诗词的内涵。而要深入理解古诗词的内涵，就需要教师的引导。因此，教师在学生进行微阅读时，应当发挥引导作用，帮助学生更好地理解古诗词的内涵，从而感受到古诗词的魅力。

3. 鼓励学生对古诗词进行深入阅读

在学生掌握了古诗词的基本韵味后，教师可以引导学生进行深入阅读。这不仅包括对古诗词的赏析和解读，还包括对古诗词的创作背景、作者生平等知识的了解。教师要为学生营造一个良好的阅读氛围。古诗词距离我们已有数千年的历史，学生对其感到陌生是正常的。因此，教师要通过各种方式激发学生的兴趣，让他们愿意去接触、去品味这些古老的文字。例如，教师可以利用课余时间举办古诗文朗诵比赛、古诗文知识讲座等活动，让学生在轻松愉快的氛围中感受到古诗词的魅力。教师要善于引导学生掌握古诗词的基本韵味。古诗词的语言特点是学生在阅读过程中的一大障碍。教师可以挑选一些具有代表性的古诗词，向学生讲解其韵律、节奏和修辞手法，帮助他们逐步领略古诗词的美。此外，教师还可以通过对比分析，让学生了解不同朝代、不同流派的古诗词风格特点，使他们能更好地欣赏和理解古诗词。教师要鼓励学生进行深入阅读。在学生掌握了古诗词的基本韵味后，教师可以向他们推荐一些经典的古代诗人及其作品，让学生自主地进行阅读。在这个过程中，教师要注重培养学生的阅读习惯，让他们学会用心去品味、去感受诗词的魅力。同时，教师还可以设置一些阅读任务，如让学生撰写读后感、进行古诗文创作等，以检查他们的阅读效果。教师还要引导学生关注古诗词的创作背景和作者生平。一首古诗词往往是诗人特定时期的心境写照，了解诗人的生平和创作背景，有助于学生更好地理解诗歌内容。教师可以为学生提供一些关于诗人及其作品的背景资料，让学生在阅读古诗词时能够更加深入地体会诗人的情感。教师还可以通过开展课题研究、组织小组讨论等方式，让学生在探讨古诗词的过程中对古诗词有更深入的了解。例如，教师可以让学生围绕某一主题进行古诗词的收集、整理和分析，让学生在实践中掌握古诗词的特点，提高他们的文学鉴赏能力。教师还要注重激发学生的创新思维。在深入阅读古诗词的过程中，学生可能会产生一些独特的感悟和见解。教师要鼓励学生大胆地表达自己的观点，培养他们的创新精神。同时，教师还可以引导学生尝试进行古诗词的创作，让学生在创作过程中充分发挥自己的想象力和创造力。

4.举办各类活动，激发学生对古诗词的兴趣

为了更好地激发学生对古诗词的兴趣，学校可以举办各类活动。例如，举办古诗词朗诵比赛可以让学生在实践中感受古诗词的魅力。朗诵是古诗词传承的重要方式之一，通过朗诵，学生可以感受到古人的情感和意境，进而产生对古诗词的兴趣。在比赛中，学生不仅可以展示自己的朗诵才华，还可以欣赏到

其他同学的精彩表演，从而激发他们学习古诗词的积极性。此外，朗诵比赛还可以邀请家长、教师和社会各界人士担任评委，让他们共同参与进来，共同感受古诗词的美妙之处。举办写作比赛可以锻炼学生的创作能力和表达能力。写作也是学生对古诗词理解的一种重要方式，通过写作，学生可以将自己的情感和思考融入作品中，展现出对古诗词的独特见解。在比赛中，学生可以尽情发挥，用自己的文字诠释古诗词的内涵，这不仅有助于提高他们对古诗词的热爱，还可以培养他们的文学素养。举办知识竞赛可以让学生在竞赛中学习，提高他们对古诗词的知识储备。知识竞赛可以涵盖古诗词的各个方面，如诗人、作品、历史背景等，学生通过参与竞赛，可以系统地了解和掌握古诗词的相关知识。这不仅有助于提高学生的文化素养，还可以激发他们继续探索古诗词的热情。同时，知识竞赛还可以培养学生的团队协作能力和竞争意识，让他们在合作与竞争中不断成长。除了以上提到的活动，学校还可以邀请知名作家、文化学者等来校讲座，让学生近距离感受传统文化的美妙之处。通过讲座，学生可以了解到更多的传统文化知识，感受到古人在创作古诗词时的灵感和情感。这有助于拓宽学生的文化视野，提高他们的审美能力。同时，讲座还可以激发学生对文学创作的兴趣，引导他们在今后的学习和生活中关注和传承传统文化。

5. 融合现代科技，创新古诗词的微阅读形式

随着科技的不断发展，微阅读形式也随之发生了许多改变和创新。在过去，微阅读可能仅仅是通过文字来传达信息，但现在我们可以利用各种现代科技手

段来提供更多样化的微阅读体验。其中，手机应用程序和网络平台成为常见的阅读渠道，让学生可以轻松地接触到各种类型的古诗词。这些平台不仅仅提供古诗词的文字内容，还可以为学生提供朗读功能、注释和解析等功能，帮助他们更好地理解古诗词的含义，感悟古诗词的魅力。通过这些平台，学生可以在自己的手机或电脑上随时随地进行微阅读，不仅提高了学习的便捷性，也增加了学习的趣味性和娱乐性。另外，虚拟现实（VR）技术的应用也为微阅读带来了全新的体验。通过虚拟现实技术，学生可以身临其境地感受古诗词中的意境和画面，比如漫步在江南水乡、登上黄山顶峰，仿佛置身于古诗词的世界中。这种沉浸式的体验能够更好地帮助学生理解和感受古诗词所传达的情感和意蕴，使学习不再枯燥乏味，而是充满乐趣和灵感。创新微阅读形式的目的不仅在于提供更多元化的学习资源，更重要的是激发学生的学习兴趣和提高他们的学习能力。通过融合现代科技，我们可以打破传统的学习方式，让学生在轻松愉快的氛围中更好地理解和感悟古诗词的魅力，进而提高他们的审美水平和文学修养。

6. 微阅读可以提高学生学习古诗词的兴趣

微阅读对于古诗词的学习，起到了极大的推动作用。传统的古诗词学习方式，主要依赖课本、教师和课堂，这种方式虽然有其稳定性和系统性，但却往往较为枯燥乏味，很难激发学生的学习兴趣和热情。而且，由于古诗词的语言和表达方式与现代汉语存在一定的差异，学生往往难以理解和感悟其中的意境和情感，这就使得古诗词的学习变得更加困难。而微阅读的出现，改变了这种状况。微阅读以其轻松有趣的方式，吸引了学生的注意力。在微阅读中，学生可以通过互动、评论和分享等方式，来表达自己对古诗词的理解和感悟，这不仅能够提高学生的学习兴趣，还能够促进学生之间的交流和互动。微阅读的方式，让古诗词的学习变得更加有趣和生动。学生可以通过观看古诗词的视频解读，来理解古诗词的背景和意义。视频中的图像、声音和动作，能够将古诗词中的景象生动地呈现出来，让学生更加直观地感受到古诗词的美。同时，视频中深入浅出的解读，能够帮助学生更好地理解和领悟古诗词的内涵。学生可以通过参与古诗词的知识问答，来检验自己对古诗词的理解和掌握程度。这种问答方式，既能够让学生在答题的过程中，对古诗词的知识进行巩固，又能够激发学生的学习兴趣，让学生在轻松愉快的氛围中学习。学生还可以通过发表自己对古诗词的感悟和评论，来表达自己的思想和情感。这种评论和感悟的方式，不仅能够让学生更加主动地参与到古诗词的学习中，还能够培养学生的思维能力和表达能力。这些方式，都能够让学生更加主动地参与到古诗词的学习中，从而提高学习古诗词的效果和效率。微阅读不仅提高了学生学习古诗词的兴趣，还培养了学生对古诗词的热爱。学生可以通过分享自己对古诗词的理解和感悟，来获得其他同学的认可和赞赏。这种认可和赞赏，能够增强学生学习古诗词的自信心和满足感，从而激发学生对古诗词的热爱。而且，通过分享和交流，学生还能够从其他同学那里获得新的观点和启示，从而丰富自己的理解和感悟。此外，微阅读还能够帮助学生扩展知识面，提高文化素养。通过古诗词微阅读，学生不仅可以学习到古诗词的知识，还能够了解到与古诗词相关的历史、艺术等方面的知识。这些知识，不仅能够丰富学生的精神世界，还能够提高学生的综合素质。

第九章

微阅读与语文素养的培养

一、微阅读在语文素养培养中的独特作用

（一）微阅读的独特优势

微阅读，顾名思义，是一种篇幅较短的阅读形式。相较于传统的阅读方式，微阅读以其独特的优势受到了越来越多人的喜爱。当今社会，人们的生活节奏加快，时间被切割成无数个碎片。微阅读正好抓住了这一特点，以其简短的篇幅，让人们能够在这些碎片化的时间里，随时获取信息、理解内容。这种阅读方式不仅高效，而且非常适合现代快节奏的生活。在当今这个高速运作的时代，人们渴望在有限的时间里了解更多的知识。微阅读满足了这一需求，让人们能够在短时间内，通过简短的篇幅，了解到各种领域的知识。无论是科技、娱乐、体育还是政治，微阅读都能让人们快速地了解到最新的动态。这对于那些时间紧张的人来说，无疑是一种非常实用的阅读方式。微阅读让人们能够在工作之余，利用碎片化的时间进行高效阅读。通过对短篇内容的阅读，人们可以迅速

地掌握重点信息，提高阅读速度和理解能力。在传统的阅读方式中，长篇大论的内容往往让人感到疲惫，难以消化。而微阅读以简短的篇幅呈现，人们可以在短时间内集中精力阅读，更容易理解和记忆。通过对一篇篇短文的阅读，人们可以逐步积累知识。同时，微阅读也让人们更加注重信息的筛选和提炼，提高了他们的信息处理能力。在传统阅读中，人们往往局限于某些特定的领域，因为时间有限，无法涉猎广泛。而微阅读则让人们能够在短时间内接触到不同领域的内容。通过对各个领域的短文阅读，人们可以了解到更多的知识。这种跨领域的阅读方式，有助于培养人们的综合素质，使他们在面对各种问题时，能够更加全面地思考和分析。在微阅读的过程中，人们可以分享自己喜欢的文章，与他人交流阅读心得。这种便捷的分享和交流方式，不仅有助于推广微阅读，还能让人们在阅读中结交志同道合的朋友，共同进步。此外，微阅读还为人们提供了一个展示自己才华的平台，让更多的人了解到他们的思想和观点。

微阅读内容丰富，涵盖面广，这可以说是微阅读的最大特点之一。它的内容并不局限于一种形式，而是涵盖了各种媒介和平台，包括短信、微博、微信、新闻客户端以及各种在线资讯平台。这种多样化的内容来源使得微阅读具有极高的可选择性，无论你身处何地，只要有一部可以连接网络的设备，你几乎都能找到自己感兴趣的内容。无论你是一位对时事政治感兴趣的读者，还是一位热衷于娱乐新闻的追踪者，微阅读都能满足你的需求。这些平台上的内容丰富多彩，涵盖了多个领域。这意味着你可以更全面地了解世界，增长你的见识。

通过微阅读，可以接触到各种不同的观点和看法，了解各种不同的声音，从而更好地理解这个世界。

此外，微阅读的传播迅速依托于互联网和移动终端的微阅读，信息的传播速度极快，几乎可以说是实时更新。这意味着人们可以获取到最新的资讯，了解国内外热点事件。这无疑对增强人们对时事的关注力和判断能力有着重要的作用。微阅读的快速传播和实时更新带来了许多便利和优势。随着科技的不断进步和人们对信息获取方式的不断追求，微阅读正在成为人们获取资讯和知识的重要渠道。在当今快节奏的社会中，人们的生活已经离不开如手机、平板等移动设备。这些设备的普及为微阅读的发展提供了良好的条件。人们可以浏览新闻、文章、博客等各种信息，实时了解最新的事件和热点话题。与传统媒体相比，微阅读不受时间和空间的限制，用户可以根据自己的需求选择阅读内容，更加个性化和自主化。这种即时性和个性化的特点使得微阅读在信息传播和获取方面具有独特的优势。除了便利快捷，微阅读还对人们的认知和思维能力产生了积极的影响。由于信息的更新速度快，用户在浏览微阅读内容时需要迅速理解和分析，这有利于提高人们的思维敏捷性和逻辑推理能力，对个人的综合素质和社会适应能力也有着重要的促进作用。

微阅读的互动性强、传播度高也是其一大优势。在微阅读平台上，可以让大家发表自己的观点和见解，与他人进行交流和讨论。这种互动性不仅极大地增强了读者对微阅读的参与感和兴趣，而且对于理解和消化信息也起到了非常重要的作用。在互动的过程中，读者还可以不断地提出自己的疑问和思考，引发更深层次的讨论和交流。这样的过程不仅可以激发读者的思考能力，提高他们的认知水平，还可以促进知识的传播和交流。通过与其他读者的交流和讨论，读者们可以发现自己的不足之处，学习到新的知识和观点，从而丰富自己的知识体系。同时，这种交流和讨论还可以激发其他读者的思考和兴趣，进一步扩大知识的传播范围。

（二）微阅读在语文素养培养中的独特作用

第一，微阅读能够提高我们对语文的兴趣。微阅读篇幅短小、内容丰富，这种特性使读者在阅读过程中能够感受到文字的魅力，体验到语文的乐趣，从而对语文学科产生更浓厚的兴趣。这种兴趣的激发，不仅有助于我们主动去阅读，也有助于我们更深入地理解和欣赏语文。第二，微阅读有助于培养我们的阅读习惯。微阅读的便捷和快速的特点，使得读者更容易养成阅读的习惯。经常进行微阅读，不仅可以提高我们的阅读速度和效率，而且可以为深入学习语文奠定基础。第三，微阅读能够增强我们的语文素养。读者在阅读过程中能够接触到丰富的词汇、优秀的句子结构和表达方式。通过长期坚持微阅读，我们可以提高我们的语文表达能力，丰富我们的语言积累，提升我们的文学素养。第四，微阅读还能锻炼我们的思维能力。微阅读要求读者在短时间内理解和把握文章的主旨，这无疑有助于锻炼我们的思维能力和概括能力。通过对微阅读内容的分析和思考，我们可以提高自己的逻辑思维和批判性思维。这样的锻炼，不仅有助于我们更好地理解和掌握语文知识，也有助于我们更全面地思考问题。第五，微阅读还能拓宽我们的文化视野。微阅读内容涵盖多个领域，读者在阅读过程中能够了解到不同领域的知识，这无疑可以拓宽我们的文化视野。第六，微阅读的平台特性也使得它成为促进个性发展的重要途径。在微阅读平台，读者可以自由发表自己的观点和见解，这有助于读者表达自己的思想和情感，促进个性发展。通过微阅读，读者可以学会如何运用文字表达自己，提升自我表达能力。

（三）如何发挥微阅读在语文素养培养中的作用

微阅读在语文素养培养中的作用是不可小觑的。首先，精选阅读材料至关重要。在众多的微阅读资源中，我们要学会甄选具有启发性、思考性和价值性的文章或故事，这样才能提高阅读的质量。只有选择了高质量的内容，我们才能更好地培养语文素养。其次，合理安排时间也是非常必要的。碎片化的时间可能不长，但只要我们能够合理利用，进行一些微阅读，那么累积起来的收获也是非常可观的。我们应该养成每天坚持阅读的习惯，让阅读成为我们生活中不可或缺的一部分。只有这样，我们才能真正感受到微阅读对语文素养的提升作用。通过微阅读，我们可以丰富语言知识，提高阅读能力。阅读丰富的材料可以帮助我们了解更多的词汇和语法结构，从而提高我们的语言表达能力。这不仅可以增加我们的语文素养，还可以让我们在与他人交流时更具有说服力和感染力。因此，微阅读不仅可以提高我们的语文素养，还可以为我们的学习和生活带来更多的收益。只有通过不断的阅读和思考，我们才能提高自己的批判性思维和创造性思维，从而更好地适应社会的发展和变化。

除了以上提到的注意阅读方法、培养阅读习惯等，积极参与互动也是发挥微阅读作用的重要一环。在阅读的过程中，我们不仅可以沉浸在书的世界里，与书中的内容进行交流，还可以与他人分享自己的见解和观点，锻炼自己的表达能力。通过和他人交流互动，我们可以更深入地理解文章的意义，同时也可以开拓自己的思维，提高自己的语文素养。这种互动可以是面对面的讨论，也可以是借助网络平台进行的交流。无论哪种方式，都能够让我们从不同的角度去思考问题，提高自己的思考能力和表达能力。此外，注重阅读效果也是至关重要的。阅读不仅仅是简单的获取知识的过程，更是读者与作者之间的心灵交流和对话。因此，我们应该关注自己在阅读过程中的感悟和体会，及时总结和反思自己的阅读经验。当我们对阅读的内容有了深入的理解和感悟后，我们才能从中获得经验教训。在阅读过程中，我们不仅要关注文章的内容和结构，还要关注作者的写作意图和思想深度。只有这样，我们才能更好地理解文章的含义，提高自己的阅读水平。

然而，我们在充分发挥微阅读优势的同时，也不能忽视传统阅读的重要性。传统阅读，作为一种深入、系统的阅读方式，其深度和广度是微阅读所无法比拟的。通过阅读，我们可以更加系统地学习和理解一些经典的文学作品，增加自己的文化素养。文学作品是人类智慧的结晶，是历史长河中的瑰宝。通过阅读经典文学作品，我们可以了解历史，感受人生，提升自己的审美情趣。同时，传统阅读还能够帮助我们提高语文能力，掌握丰富的词汇，学习优美的表达，提高我们的写作水平。然而，传统阅读也有其局限性。我们需要快速、及时了解世界的变化，关注热点事件，这就需要借助于微阅读。微阅读让我们能够快速地获取信息，了解时事。通过微阅读，我们可以及时了解国内外的热点事件，掌握社会的动态，增强自己的时事意识。这对于我们提高语文素养，也是非常重要的。在发挥微阅读在语文素养培养中的作用时，我们还应该结合传统阅读。微阅读和传统阅读各有其优势，也各有其局限性。只有将二者相结合，才能实现优势互补，全面提高语文素养。我们可以通过传统阅读，深入学习和理解经典文学作品，提升自己的文化素养。通过阅读中国文学经典名著，我们可以了解中国传统文化，感受中华文明的博大精深。同时，我们还可以通过阅读一些现代文学作品，了解现代文学的发展趋势，感受现代文学的魅力。同时，我们可以通过阅读新闻、资讯类的微阅读文章，了解国内外的时事动态，掌握社会的变化。

二、微阅读如何帮助学生树立正确的人生观价值观

（一）微阅读引导学生关注人生价值

微阅读不仅仅是一种娱乐方式，它还可以作为一种引导学生关注人生价值

的工具。人生价值是一个人对于自己生命意义和价值的认识和追求，是人们在生活中不断探索和思考的问题。在微阅读的引导下，我们可以让学生接触到一些具有深刻内涵的短篇文章，如励志小故事等。这些文章往往能够传递出积极向上的人生态度，让学生从中感受到人生的意义和价值，从而激发他们对于生活的热爱和对未来的憧憬。通过微阅读，我们还可以引导学生关注社会热点问题。这些问题往往涉及人类生存和发展的问题。通过阅读相关的文章，学生可以了解到解决这些问题的重要性，并思考如何通过自己的努力为社会做出贡献。在这个过程中，他们不仅可以了解到更多关于社会的知识，还可以树立正确的人生观和价值观，明确自己的人生目标和价值追求。微阅读还可以通过一些具有哲理性的文章，引导学生思考人生的意义和价值。这些文章往往能够启发学生的思考，让他们意识到生命的短暂和珍贵，从而更加珍惜自己的时间和生命。在这个过程中，学生可以逐渐形成正确的生命观和价值观。当然，微阅读的引导方式也需要我们进行精心设计和安排，确保让微阅读能够真正发挥引导作用。

（二）微阅读通过文学作品传递正能量

在当今社会，人们面临着各种各样的挑战和困难，如工作压力、学业压力、人际关系压力等，这些问题可能会给我们带来消极的情绪和态度。而文学作品作为一种精神食粮，可以帮助人们在疲惫的生活中找到一丝温暖和力量。微阅读作为一个新兴的阅读方式，在传递正能量方面具有独特的优势。微阅读以短小精练的形式呈现文学作品，让人们可以在短时间内领略到作品的精华。这种快速、简洁的阅读方式使人们更容易接受作品所传达的正能量，从而激发积极的情感，帮助人们更好地调整心态，面对生活的挑战。微阅读可以通过推荐一些具有正能量的文学作品，引导学生进行阅读。这些作品所传递的思想和情感往往具有强烈的感染力和启发力。当学生在微阅读中接触到这些作品时，会在阅读的过程中受到潜移默化的影响，形成积极的情感和态度。如《围城》中的方鸿渐虽然身处逆境，但他却能以坚强的意志和努力奋斗，最终走出困境。这种正能量的形象和故事情节，可以激励学生积极向上，不畏困难，勇敢迎接挑战。在进行微阅读时，学生还可以在微信、微博等社交平台上，结合自己的实际经历和感悟，与他人分享对文学作品的理解和体会。通过这种互动方式，学生可以更好地领悟到文学作品中蕴含的正能量，进而将这种正能量内化为自己积极向上的态度和行为。

（三）微阅读帮助学生树立正确的人生观价值观

在当今社会，人们的精神世界常常受到外界信息的干扰和影响，而微阅读则可以作为一种有益的方式，帮助学生建立正确的人生观和价值观。学生在阅读过程中，不仅仅是接受信息，更重要的是要思考、分析和判断。通过不断阅读、思考，形成自己的见解和看法，学生可以逐渐培养出独立思考的能力。这种能力不仅在阅读中能够体现，也会贯穿在学生的生活和工作中，使他们能够独立思考问题，做出正确的抉择，建立起自己真实的人生观和价值观。微阅读可以提高学生的道德素质。在微阅读的平台上，有很多具有道德教育意义的文章和故事，这些作品可以让学生从中感悟到正确的道德观念和行为准则。通过阅读这些文学作品，学生会受到启发和教育，从而在品格和行为上更加健全，培养出一种真正的道德感。这种道德感贯穿在学生的日常生活中，使他们能够做到在困难和诱惑面前不轻易动摇，坚守自己的道德底线。微阅读还可以培养学生的自信心和自尊心。通过阅读一些成功人士的故事和经历，学生可以从中学习到成功的秘诀和经验，了解成功不是偶然的，而是靠努力和奋斗的结果。学生会从这些故事中寻找到勇气和力量，从而更加自信地面对生活的挑战，相信自己能够取得成功。这种自信心和自尊心会激发学生的潜能，让他们在学习和生活中展现出更加优秀的一面。

三、微阅读在培养学生思辨能力和创新精神中的作用

（一）微阅读激发了学生的思维活力

学生可以通过微阅读资源获得丰富的信息，这不仅锻炼了他们的信息筛选和处理能力，也锻炼了他们的思维敏捷性。首先，微阅读对于学生的信息处理能力有着显著的促进作用。在日常生活中，学生面临着海量的信息，而微阅读则为他们提供了一种有效的方式来处理这些信息。通过阅读微文，学生需要快速把握文章的主旨，筛选出关键信息，这种训练能够让他们更加高效地获取所需知识，提升信息处理的效率。在快节奏的学习生活中，学会快速准确地处理

信息，是每个学生都需要掌握的重要技能。其次，微阅读也能够帮助学生培养逻辑思维能力。在微文中，作者往往通过简洁的语言表达出观点或者信息，学生需要在短时间内理清思路，抓住文章的逻辑结构。通过阅读微文，学生可以学习到如何正确地理解和分析信息。逻辑思维是解决问题和分析事实的重要手段，在学生的学习生活中起着至关重要的作用。最后，微阅读对于提升学生的反应能力同样具有重要意义。在阅读微文的过程中，学生需要快速作出判断，抓住文章的要点，这对于他们的反应速度提出了一定的挑战。随着社会的发展，信息传递的速度越来越快，学生需要具备快速反应的能力，才能在竞争激烈的环境中立于不败之地。通过不断地进行微阅读的训练，学生可以提高自己的快速反应能力，更好地适应社会的发展变化。

（二）微阅读培养了学生的批判性思维

批判性思维，是指个体在接收信息、分析问题、作出判断的过程中，能够独立思考、理性分析、客观评价的能力。它是一种高度复杂的认知活动，涉及个体的知识、情感、价值观等多个方面。批判性思维是一种非常重要的能力，它不仅关系到个体的学术成就，更关系到个体的社会适应、人格发展等方面。微阅读，由于其篇幅较短，信息往往更为精练，这就要求读者必须具备更高的能力去理解和分析文本。学生在进行微阅读时，需要分辨信息的真伪、评估观点的合理性，这样的过程无疑是培养批判性思维的绝佳训练。微阅读还能够培养学生的信息筛选能力。在微阅读中，学生需要从海量的信息中，快速地筛选出自己需要的信息。这个过程，需要学生运用自己的知识、经验，对信息进行判断和筛选。这种能力的培养，有助于学生在面对复杂的社会环境时，能够独立思考、理性分析，不盲从、不信谣、不传谣。微阅读能够培养学生的观点评估能力。在微阅读中，学生需要对不同的观点进行理解和分析，评估其合理性。这个过程，需要学生运用自己的价值观，对观点进行判断和评估。这种能力的培养，有助于学生形成独立、健康、向上的价值观。在微阅读中，学生需要对文本的结构、逻辑进行理解和分析。这个过程，需要学生运用自己的逻辑思维，对文本进行解析和重建。这种能力的培养，有助于学生在学术研究、工作实践中，能够清晰、有条理地表达自己的观点。学生需要对文本进行深入的理解和分析，从而形成自己的见解和观点。这个过程，需要学生运用自己的创新思维，对文本进行解读和重构。这种能力的培养，有助于学生在学术研究、工作实践中，能够发现新的问题并解决问题。

（三）微阅读帮助学生培养创新精神

创新精神是当代社会对于学生培养的一种重要素质。微阅读对于学生培养创新精神具有重要意义。微阅读的核心思想提炼能力能够培养学生从平凡事物中发掘新意的创新能力。读者往往需要在有限的微阅读信息中提炼出文章的核心思想。这种提炼能力不仅能够帮助学生更好地理解文章的主旨，更重要的是能够让他们学会从繁杂的信息中筛选出重要的内容，培养他们的判断能力。这种能力对于学生未来的创新和原创能力的发展具有非常重要的作用。微阅读的碎片化特点也有利于激发学生的想象力和创造力。在微阅读中，一篇文章可能只有几百字甚至几十字，但作者却通过简洁的文字表达出深远的思想和情感。这种写作方式能够激发学生的想象力，让他们在有限的信息中自由联想，从而培养他们的创造力和表达能力。在未来的学习和工作中，这种想象力和创造力将成为学生成功的关键之一。

第十章

微阅读评价及发展趋势

一、微阅读教学效果的评价指标

（一）学生阅读理解能力的提升

阅读理解是学生在阅读过程中对文字内容的理解能力，包括对文章主题、情节、人物、情感等方面的把握和分析。微阅读教学作为一种新颖的教学方法，旨在通过给学生提供小而精的阅读材料，培养他们对文章的理解能力。在实施微阅读教学的过程中，如何有效地提升学生的阅读理解能力成为一个重要关注点。教师在微阅读教学中可以通过收集学生完成阅读任务后提交的回答来评估他们的阅读理解能力。通过分析学生的回答，教师可以了解学生对微阅读材料的认识和理解程度，比如是否能准确把握文章的主题，是否能理解文章中的情节发展，是否可以分析人物的性格特点以及是否能理解文章传达的情感，等等。通过这种方式，教师可以及时发现学生在阅读理解方面存在的问题和不足，有针对性地进行教学辅导和指导，帮助他们提升阅读理解的能力。教师还可以通过课堂提问、小组讨论等形式，促进学生对微阅读材料的深入思考和讨论。在课堂上，教师可以针对微阅读材料中的重要内容和争议性问题提出挑战性问题，引导学生展开思考和探讨。通过小组讨论，学生可以互相交流彼此的理解和看法，从而促进彼此之间的思想碰撞和启发。这种互动式的学习方式不仅可以增强学生对文章的理解深度，还可以培养他们的团队合作能力，全面提升学生的阅读理解能力。教师还可以设计一些阅读理解训练的活动，例如，可以设计一些阅读理解题目，让学生在阅读材料之后进行答题练习。通过这种方式，学生可以在实践中熟练掌握阅读理解的基本技巧，提高阅读速度和准确性。同时，教师还可以引导学生进行一些阅读技巧的训练，帮助他们提高对文章的分析和把握能力。以上这些训练活动可以帮助学生在不断的实践中积累经验，逐渐提高阅读理解的水平。教师还可以引导学生进行跨学科的阅读理解，提升他们的综合阅读能力。教师可以针对不同学科领域的阅读材料进行解读和讨论，引导学生运用不同学科的知识和技能来理解文本，培养他们的综合思维和跨学科能力。

（二）学生阅读兴趣的增强

学生阅读兴趣的增强对于提高他们的阅读能力以及学习成绩都有着重要的影响。要想使学生对阅读产生浓厚的兴趣，教师在微阅读教学中起到了至关重要的作用。在微阅读教学中，教师需要通过多种方式来激发学生的阅读兴趣，从而使他们能够主动参与阅读活动，积极思考和讨论。教师可以选择与学生相关性强的微阅读材料，例如与学生的兴趣爱好、日常生活、学习内容相关的文章或故事，这样可以提高学生对阅读的兴趣。教师在教学过程中还可以采用互动性强的方式，如提出问题让学生思考回答、组织小组讨论等，从而引导学生积极参与到阅读活动中来。同时，教师还可以通过奖励机制来激励学生，比如表扬表现优秀的学生、给予奖励或小礼物等方式，以此来增强学生对阅读的积极性。教师在微阅读教学中还需要根据学生的不同特点和兴趣爱好来灵活调整教学内容和方式。比如，对于喜欢文学作品的学生，可以选择一些文学名著或优秀文学作品来进行微阅读教学；对于对科学知识感兴趣的学生，可以选择一些科普文章或科学实验来进行微阅读教学。通过这样的方式，可以更好地激发学生的阅读兴趣，使他们在阅读中获得乐趣和收获。教师还可以通过评估学生的参与度、反馈情况、课后作业完成情况等方面来判断学生的阅读兴趣是否得到了增强。如果学生能够积极参与课堂讨论，对微阅读材料表现出浓厚的兴趣，说明微阅读教学已经取得了一定的效果。此外，教师还可以在课堂上设立一些小测验或问答环节，通过学生的表现来评估他们对阅读材料的理解程度和吸收能力，从而及时调整教学策略，提高教学效果。在微阅读教学中，教师的角色不仅仅是传授知识，更重要的是要引导学生建立正确的阅读观念和方法，培养他们主动阅读、独立思考的能力。只有通过不断地激发学生的阅读兴趣，才能使他们逐渐形成良好的阅读习惯和养成持久的阅读兴趣。这样不仅可以提高学生的学习成绩，还可以使他们受益终身，成为具有批判性思维和创新精神的未来人才。

（三）学生语文素养的提高

微阅读教学的目标并不仅仅局限于提高学生的阅读能力，更重要的是，它还能够有效地提升学生的语文素养。语文素养不仅关系到学生在校期间的学业成绩，更是学生未来社会生活中不可或缺的重要技能。因此，在微阅读教学中，教师应当将提升学生的语文素养作为重要目标之一。教师不仅可以通过观察学生在课堂上的表现来评估他们的语文素养是否得到了提高，还可以通过课后作业进行评估。课后作业是学生对课堂所学知识进行巩固和应用的重要方式，同时也是教师了解学生学习情况的重要途径。如果学生在完成课后作业时，能够准确地理解和运用所学知识，那么说明他们的语文素养已经得到了提高。写作练习是提升学生语文素养的重要手段之一。在进行写作练习时，教师可以为学生提供一些与阅读材料相关的写作话题，让学生运用所学的知识和技巧进行写作，确保他们能够做到观点明确、论证充分、语言流畅。口语表达能力也是语文素养的重要组成部分。在微阅读教学中，教师可以组织学生进行课堂讨论、演讲、辩论等形式的活动，让学生有机会锻炼自己的口语表达能力，使学生在这些活动中能够自信地表达自己的观点，清晰地传达自己的意思。微阅读教学还可以通过培养学生的审美能力来提升他们的语文素养。教师可以引导学生从阅读材料中发现美、欣赏美，培养他们对文学、艺术等方面的兴趣爱好，使学生在日常生活中能够主动关注和欣赏优秀的文学作品、艺术作品。教师还需要关注学生在微阅读过程中的思维能力培养。微阅读教学不仅仅是让学生被动地接受信息，更重要的是要让他们学会主动思考、分析问题。

二、微阅读在未来语文教学中的发展前景

（一）微阅读将成为语文教学的重要手段

在当今这个信息化社会，移动互联网的普及和发展已经改变了人们获取知识、信息的方式和习惯。传统的纸质书籍和报刊逐渐不再是人们获取信息的主要途径，而新兴的微阅读方式却越来越受到大众的喜爱和追捧。可以预见，在未来的教育领域，尤其是在语文教学中，微阅读将成为一种重要的教学手段和工具。微阅读的出现，让人们在碎片化的时间里也能够进行阅读，满足了对知识的渴望。在未来的语文教学中，微阅读将发挥重要的作用。首先，微阅读能够帮助学生拓宽知识面。通过微阅读，学生可以在短时间内获取大量的信息，了解不同的观点和思想，从而拓展自己的知识面和视野。这有助于提高学生的综合素质，使他们在学术和人际交往中更具竞争力。其次，微阅读有助于培养学生的思维能力。微阅读的内容丰富多样，学生在阅读过程中可以接触到各种不同的观点和思想，这有助于激发他们的思维活力，培养多种思维能力和创新能力。再次，微阅读可以作为一种辅助工具，帮助学生更好地理解和掌握语文知识。通过阅读一些优秀的文章片段，学生可以学习到各种写作技巧和表达方

法，提高自己的语文素养。

当然，在将微阅读引入语文教学的过程中，我们也需要注意到一些潜在的问题。首先，微阅读的碎片化特点可能导致学生对知识的系统掌握不足。因此，在教学过程中，教师需要引导学生将微阅读与传统阅读相结合，形成完整的知识体系。其次，微阅读可能使学生过于依赖碎片化的信息，缺乏深入思考和分析的能力。因此，教师需要引导学生学会筛选和判断信息，培养独立思考的能力。最后，微阅读可能使学生在阅读过程中过于注重娱乐性，忽视了学术性和深度性。因此，教师需要引导学生正确处理娱乐阅读与学术阅读的关系，注重提高阅读质量。

（二）微阅读与传统阅读相结合，发挥互补作用

随着信息时代的到来，微阅读已经成为人们获取信息的重要途径之一。然而，传统阅读方式仍然具有不可替代的地位，它能够让我们深入了解阅读资源的内涵和思想，培养我们的阅读能力和思考能力。因此，在未来语文教学中，我们应该将微阅读与传统阅读相结合，发挥互补作用。将微阅读与传统阅读相结合，可以更好地满足不同学生的需求。未来的语文教学中，我们可以将微阅读作为一种辅助工具，帮助学生更好地理解和掌握语文知识，然后再通过传统阅读方式深入分析文章的思想和内涵。这样能够提高他们的阅读速度和效率，也能够更好地理解和掌握语文知识。将微阅读与传统阅读相结合，还可以促进师生之间的互动和交流。教师可以通过微阅读了解学生的阅读情况和对知识的

掌握程度，从而更好地指导学生进行深度阅读和学习。同时，学生之间也可以通过微阅读进行交流和讨论，分享自己的阅读心得和体会，增强彼此之间的理解和友谊。

（三）微阅读助力个性化语文教学

随着时代的进步和社会的发展，教育改革已经成为全球教育界的热议话题，其中，个性化教学更是备受关注。传统的教学模式已经很难满足他们多样化的学习需求，因此，个性化教学成为教育领域的刚需。而微阅读作为一种新兴的教学方式，则能够为个性化教学提供更多的可能性。微阅读可以帮助教师更好地了解学生的兴趣爱好和阅读能力。通过微阅读平台，教师可以跟踪每名学生的阅读历程、阅读偏好等数据，进而分析出学生感兴趣的领域，喜欢阅读的题材以及阅读的频率等信息。这样一来，教师就能够更加精准地把握学生的兴趣点，为学生量身定制适合他们的阅读材料和学习内容，从而激发学生的学习动力和兴趣。微阅读也可以帮助学生更好地了解自己的兴趣爱好和阅读能力。在传统的教学模式下，学生往往被动地接受教师统一布置的作业和阅读材料，缺乏选择性和主动性。而通过微阅读，学生可以根据自己的兴趣爱好和学习需求，在各种阅读资源中进行选择和筛选，找到最适合自己的阅读材料并进行阅读。这样一来，学生不仅可以主动参与学习，还能够逐渐发现自己在阅读方面的优势和劣势，从而更好地规划自己的学习方向和方法。个性化教学和微阅读的结合也能够极大地提高学生的学习效果和综合素质。通过个性化教学，每个学生都能够得到适合自己的学习资源和指导，学生不仅可以在学业上有所突破，还能够全面发展，提高自身的竞争力。

三、微阅读对学生综合素质的培养带来的影响

（一）微阅读提升了学生的信息素养

微阅读正逐渐成为学生提升信息素养的利器。在当今信息量剧增的时代，学生需要具备快速获取、准确分析和高效利用信息的能力。微阅读的内容涵盖了各个领域的知识，同时也能够提供一定的思辨性内容，帮助学生拓展认知边界，提升综合素质。通过微阅读，学生可以快速获取大量的新鲜信息，了解不同领域的知识。与传统阅读相比，微阅读更加便捷高效，可以让学生在碎片化时间里获取知识，提高信息获取的速度和质量。此外，微阅读中通常会穿插一些趣味性强的内容，能够激发学生的兴趣，让他们在阅读中获得乐趣，进而提高信息的吸收能力与理解能力。在微阅读中，学生不仅需要理解文字表面意思，还需要思考其中的深层含义，进行思维的跳跃和延伸，培养自己的逻辑思维能力，形成独立思考的习惯。此外，微阅读还可以帮助学生养成良好的学习习惯和自主学习能力。在微阅读的世界里，学生可以根据自己的兴趣和需求选择阅读内容，自主规划学习路线，制订学习计划，培养自己的学习动力和自律能力。通过不断阅读和思考，学生可以建立起自己对于知识的储备和理解，提升自己

的学习效率和学术水平。

（二）微阅读培养了学生的自主学习能力

微阅读所提供的各类文章、资讯和学术观点，种类繁多，吸引了大量的年轻学生。这种阅读方式不仅拓宽了学生的知识视野，更为重要的是，它培养了学生自主学习的能力，这对于学生的终身发展具有深远的影响。传统的阅读模式虽然能够确保学生接触到系统的知识体系，但在一定程度上却限制了学生的个性发展和自主探索精神。微阅读的出现，打破了这种局限，它将选择权交还给了学生，使他们在海量的信息中，根据自己的兴趣和需求进行选择，这无疑是学生自主学习能力的一种极好锻炼。学生在浏览微阅读资源时，可以根据自己的兴趣和需求进行选择，这种个性化的阅读方式，使他们在享受阅读乐趣的同时，也提高了获取知识的效果。在微阅读的过程中，学生需要独立，分析判断信息的真伪和价值，这对于培养他们的独立思考能力具有重要意义。当他们遇到可疑或错误的信息时，需要运用所学的知识和方法进行辨别，这个过程无疑是对他们的一种锻炼。同时，通过与其他读者的交流，学生可以了解到不同的观点和看法，这有助于拓宽他们的视野，提高他们的综合素质。微阅读还有助于培养学生的信息筛选能力。在浩瀚的信息海洋中，学生需要学会如何快速准确地找到自己需要的信息，这不仅需要他们具备良好的搜索技巧，更需要他们具备敏锐的洞察力和判断力。这种能力的培养，对于学生未来的学习和工作具有极大的帮助。

（三）微阅读助力学生全面发展

在当今社会，微阅读正在悄然改变着我们的学习方式。微阅读不仅仅提供知识和信息，更是一种能够激励学生积极向上发展的教育方式。它以其独特的魅力，为学生打开了一扇通往更广阔世界的大门，让他们在阅读中开阔视野，丰富内心，进而全面发展。微阅读使学生能够接触到各种各样的文化、观点和思想。这些思想文化犹如一把把钥匙，开启了学生的思维，让他们学会从多个角度看待问题，理解社会，认知世界。在微阅读的熏陶下，学生逐渐形成了多元化的价值观，为他们的未来发展奠定了基础。微阅读不仅开拓了学生的思维，还增进了他们对社会的认知和理解。通过微阅读，学生开始了解到各种社会现象背后的深层原因和影响，这有助于他们更加全面、客观地看待问题。同时，微阅读也提供了许多有关社会问题的解决方案和思路，使学生能够在思考和解决实际问题时更有针对性。此外，微阅读还激发了学生对知识的渴望和探索欲望。阅读的过程本身就是一种学习，而微阅读使学生在轻松愉快的氛围中不断汲取新知识，增长新技能。这种持续的学习过程不仅提高了学生的知识水平，还培养了他们的自主学习能力和求知精神。微阅读对学生的全面素质提升起到了积极的推动作用。它不仅激发了学生对各类艺术、科技、文化的热爱，还培养了他们的审美情趣和兴趣爱好。通过微阅读，学生开始接触和欣赏各种艺术形式。这些艺术形式丰富了他们的精神世界。此外，微阅读还激发了学生对科技、文化等领域的兴趣，使他们能够更好地理解和适应这个日新月异的时代。

在微阅读的引领下，学生开始关注各种文化现象，思考文化背后的深层含义，这有助于培养他们的文化素养和人文精神。同时，微阅读也促进了学生的交流和沟通，使他们能够更好地理解和尊重不同的观点和文化，从而形成更加包容和开放的心态。

结　语

在当今信息化时代，人们获取信息的渠道日益拓宽，阅读方式也发生了翻天覆地的变化。微阅读作为一种新兴的阅读形式，逐渐成为人们获取信息、娱乐休闲的重要途径。特别是在我国，随着智能手机和移动互联网的普及，微阅读融入社会的方方面面，包括教育领域。初中语文教学作为基础教育的重要组成部分，自然也受到了微阅读的影响。本书以微阅读在初中语文教学中的应用为主题，试图通过对相关理论和实践的深入探讨，总结出一些有价值的结论，以期为我国初中语文教育改革提供理论支持和实践指导。

我们关注到微阅读在学生提高阅读兴趣、培养阅读习惯、提升阅读素养等方面具有积极作用。传统的教育模式往往过于注重知识的传授，而忽视了学生的主观体验。而微阅读能够让学生在短时间内获取大量信息，满足他们的好奇心，丰富他们的知识体系。同时，微阅读的多样性、趣味性等特点也能激发学生的阅读兴趣，使他们更愿意投入到阅读中来。此外，通过微阅读，学生可以逐渐养成良好的阅读习惯，从而提高他们的阅读素养。

值得注意的是，微阅读在初中语文教学中的应用仍存在一些局限和挑战。首先，由于微阅读的内容较为浅显易懂，容易让学生产生阅读的依赖性，从而忽视了深度阅读的重要性。其次，微阅读可能导致学生在阅读过程中忽视思考，只停留在表面信息的获取上。最后，微阅读的选择面较广，学生可能会接触到一些不适合他们年龄阶段的内容，对他们的成长产生负面影响。因此，如何在发挥微阅读优势的同时，避免这些潜在问题，是我们面临的一大挑战。

未来，我们期待更多的研究能够关注到这些潜在问题，并寻找有效的解决方案。教师可以在引导学生进行微阅读的过程中，注重培养他们的批判性思维，引导他们从多个角度审视问题。同时教师还可以通过设计一些富有挑战性的阅读任务，让学生在微阅读的基础上进行深度阅读，以提高他们的阅读素养。此外，学校和家长也应该加强对学生阅读内容的引导，帮助他们筛选优质的阅读材料，避免不良信息的侵害。

参考文献

［1］陈华芳.微阅读视角下培养初中生阅读素养的策略［J］.学苑教育，2023（23）：87-88+91.

［2］薛慧君.初中语文微阅读课程的建设研究［A］//广东省教师继续教育学会.广东省教师继续教育学会第五届教学研讨会论文集（四）［C］.甘肃省定西市渭源县路园中学，2022：2.

［3］丁建柱.在初中语文教学中应用微阅读探析［J］.新课程，2022（34）：126-127.

［4］汤群英.阅读在语文教学中的应用探微［J］.成才之路，2022（08）：85-87.

［5］张莹.如何在中学语文教学中渗透德育教育和创新教育［J］.散文百

家（新语文活页），2022（02）：142-144.

[6] 赖嘉惠.基于核心价值观培育的初中古诗文教学探索 [D].广州：广州大学，2021.

[7] 汪锋.微阅读在初中语文教学中的应用研究 [J].家长，2021（15）：73-74.

[8] 钱晓莉.微阅读在初中语文教学中的应用研究 [J].考试周刊，2020（76）：50-51.

[9] 吴进.初中语文教学中微阅读的应用分析 [J].中学课程辅导（教师通讯），2020（17）：98-99.

[10] 文世业.初中生微阅读引导研究 [D].淮北师范大学，2020.

[11] 李森森.个性化阅读：语文课堂教学的灵魂 [J].山西教育（教学），2020（04）：17-18.

[12] 王安民.微阅读视角下的语文"悦读"教学 [J].教育，2020（14）：39.

[13] 王震."微阅读"在初中语文写作中的初探 [J].课外语文,2020(03)：97-99.

[14] 刘月华.阅读，语文教学之根本 [J].课外语文，2020（01）：102-103.

[15] 顾颖.新形势下语文微阅读探析 [J].语文天地，2019（35）：55-56.

［16］吕学娜.微阅读在初中语文教学中的应用研究［A］//广西写作学会教学研究专业委员会.2019年广西写作学会教学研究专业委员会第二期座谈会资料汇编（上）［C］.榆树市教师进修学校，2019：3.

［17］马晓东.培养阅读素养增强初中语文教学有效性［J］.考试周刊，2019（81）：36-37.

［18］龚俊.群文阅读：语文教学的应然趋势［J］.小学生作文辅导（语文园地），2019（09）：21.

［19］温岚.为学习而阅读：语文教学的出发点和归宿［J］.语文教学通讯，2019（18）：56-57.

［20］李肖超.微阅读环境下中学生阅读素养问题及对策研究［D］.新乡：河南师范大学，2018.

［21］黄祥本.微阅读，开阔学生大视野［J］.语文天地，2018（05）：57-58.

［22］吴益云.微阅读视角下初中语文"悦读"教学策略新探［J］.考试周刊，2017（62）：72-73.

［23］吴萧萧.用"微阅读"沟通语文学习与生活［J］.现代语文（教学研究版），2016（12）：117-119.

［24］林琳.中学语文微阅读教学与研究［J］.现代教育，2016（10）：52-53.

［25］陈瑜.微阅读，初中语文阅读教学的爱与痛［J］.文教资料，2013（21）：34-35.